DROIT ROMAIN

DU DROIT DE LA GUERRE

A ROME

DROIT FRANÇAIS

DES

BREVETS D'INVENTION

EN FRANCE

ET DANS DIVERS ÉTATS ÉTRANGERS

THÈSE POUR LE DOCTORAT

PAR

Henri GEOFFROY

Avocat à la Cour d'appel

PARIS

LIBRAIRIE NOUVELLE DE DROIT ET DE JURISPRUDENCE

ARTHUR ROUSSEAU, ÉDITEUR

14, RUE SOUFFLOT, ET RUE TOULLIER, 13.

1888

THÈSE

POUR LE

DOCTORAT

DROIT ROMAIN

DU DROIT DE LA GUERRE
A ROME

DROIT FRANÇAIS

DES
BREVETS D'INVENTION
EN FRANCE
ET DANS DIVERS ÉTATS ÉTRANGERS

THÈSE POUR LE DOCTORAT

*L'acte public sur les matières ci-après sera soutenu le vendredi 6 juillet 1888,
à une heure*

PAR

Henri GEOFFROY
Avocat à la Cour d'appel

Président : M. RENAULT

Suffragants : { MM. DUVERGER / LYON-CAEN / LAINÉ } *Professeurs.*

PARIS
LIBRAIRIE NOUVELLE DE DROIT ET DE JURISPRUDENCE
ARTHUR ROUSSEAU, ÉDITEUR
14, RUE SOUFFLOT, ET RUE TOULLIER, 13.

1888

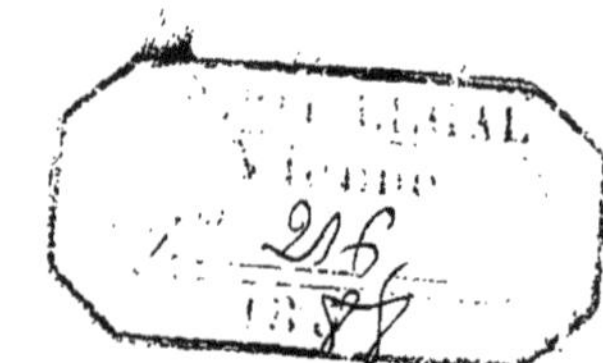

DROIT ROMAIN

DES

RETENTIONES EX DOTE

AVANT-PROPOS

Si l'on veut donner une définition des *retentiones*, on peut dire que c'est une portion de la dot que, dans certains cas déterminés, le mari ou ses héritiers ont le droit de garder par devers eux, lorsque le moment de la restitution est arrivé.

Ulpien (*Règles*, VI, 9) nous donne l'énumération des *retentiones* et en indique les causes. La première, *Retentio propter liberos*, a lieu lorsque le divorce arrive par la faute de la femme ou du père sous la puissance duquel elle se trouve. Le mari garde alors une portion de la dot pour l'indemniser des charges que va faire peser sur lui l'entretien des enfants. — La seconde, *Retentio propter mores*, a pour cause les écarts de conduite de la femme. — La troisième, *Retentio propter impensas*, a pour fondement les dépenses faites par le mari pour les choses apportées en dot. — La quatrième, *Retentio propter res donatas*, est une conséquence de la prohibition des donations entre époux : le mari est investi du droit de retenir sur la dot la valeur des choses qu'il a données à sa femme. — La cinquième, enfin, *Retentio propter res amotas*, a pour fondement les soustractions commises par la femme en vue du divorce, au préjudice de son mari.

Nous aurons, plus loin, à examiner séparément, avec détails, chacune de ces causes de retenues.

Dans l'origine du droit dotal, il n'y avait aucune place pour la théorie des *retentiones*. En effet, quand on parle d'une retenue à exercer sur la dot, on suppose forcément que la dot doit être restituée. Or, quelle que fût la cause de la dissolution du mariage, le mari n'était point tenu à restitution. Les biens que la femme lui apportait en dot devenaient sa propriété définitive et absolue. C'est ce qu'exprime un texte de Paul, inscrit au Digeste, et qui, à l'époque où il est écrit, n'est plus qu'une vérité historique, pour ne pas dire un anachronisme : « Dotis causa perpetua est, et cum voto ejus qui « dat, ita contrahitur ut semper apud maritum sit. » (D. XXIII, 3, *de Jure dotium*, 6.) Les anciens Romains avaient vu sans doute, dans la dot, une sorte de forfait ayant un double but : pour le mari, c'était une indemnité des charges que le mariage faisait naître pour lui ; pour les enfants, c'était une compensation de ce qu'ils n'avaient rien à réclamer dans la succession de leur mère.

Tant que le divorce resta étranger aux habitudes romaines, ces droits du mari sur la dot n'eurent, en fait, pour la femme, aucun inconvénient. « En effet, comme M. Accarias le fait judicieusement remarquer dans son tome II, page 1044, note 2, si le mariage se dissolvait par la mort de la femme, elle n'avait plus besoin de sa dot, et les enfants, s'il y en avait, demeuraient à la charge du mari. Le mariage se dissolvait-il par la mort du mari, la femme, si elle était *in manu*, lui succédait en concours avec ses enfants ; et si elle n'était pas *in manu*, l'usage était probablement que le mari lui fît un legs en compensation de la dot qu'elle perdait. » Ce qui prouve l'existence de cet usage, c'est que même lorsque la dot devint restituable, et jusqu'à Justinien, le legs fait par le mari à sa femme fut légalement présumé fait en compensation de la dot, si bien qu'en vertu des dispositions de l'*Edit de alterutro*, la femme dut opter entre la restitution de ses biens dotaux et la réclamation de son legs.

Quand le divorce pénétra dans les mœurs romaines, on comprit les dangers de cette législation. La femme arbitrairement répudiée se trouvait réduite à la misère, et elle ne pouvait plus se remarier, chose qui était contraire à l'intérêt de la République. Cette législation avait besoin d'une réforme. Le signal en fut donné par un divorce depuis célèbre, celui de Spurius Carvilius Ruga. « Memoriæ traditum est, dit Aulu-Gelle (*Noct. att.*, IV, 2), quingentis fere annis post Romam conditam, nullas rei uxoriæ, neque cautiones, neque actiones, in Urbe Romana aut in Latio fuisse, quia profecto nihil desiderabantur, nullis etiam tunc matrimoniis divertentibus. Servius quoque Sulpicius in libro quem composuit, *De Dotibus*, tunc primum cautiones rei uxoriæ necessarias visas esse scripsit, cum Sp. Carvilius, cui Ruga cognomentum fuit, vir nobilis, divortium cum uxore fecit, quia liberi ex ea, corporis vitio, non gignerentur. »

Nous assistons donc, au commencement du vi^e siècle, à un fait notable dans les fastes du Droit romain. Un divorce motivé sur une cause inusitée a lieu, ce divorce soulève une indignation générale (Valère Maxime, II, 1, 4, et Denys d'Halycarnasse, II, 26); on redoute pour la femme l'arbitraire du mari, et on songe à prendre une mesure : c'est la création des *Cautiones rei uxoriæ.*

Si nous en croyons Boëce (*Topiques de Cicéron*, 4), la promesse de restitution se produisait sous cette forme assez vague: « Ut si divortium contigisset, quod æquius melius esset, apud virum remaneret, reliquum dotis uxori restitueretur. » L'action qui sanctionnait ces *cautiones* était une action *Ex stipulatu*, mais une action *Ex stipulatu* où le juge avait une faculté si large d'appréciation, qu'il n'avait d'autre guide que l'équité.

Cette stipulation, on le comprend, eut pour effet d'empêcher les divorces arbitraires; les maris furent retenus par le désir de garder la dot, les femmes par la crainte de la perdre. Aussi, la promesse de restitution entra-t-elle bientôt dans la pratique. Elle y devint même si commune, qu'on finit par la sous-entendre; on décida que si un divorce arrivait, le mari rendrait à sa femme « quid æquius melius erit ». L'action qui fut donnée alors prit le nom d'action *rei uxoriæ*. C'était une action de bonne foi, ou mieux *in bonum et æquum concepta*, tandis que l'action qui naissait des *cautiones Rei uxoriæ* était une action de droit strict. Mais en fait, grâce au pouvoir que, dans les deux cas, le juge saisi du litige avait de se prononcer « æquius melius », en fait, disons-nous, on arrivait au même résultat pratique : c'était le juge qui fixait arbitrairement la portion de la dot qui devait être rendue à la femme.

A la naissance de l'action *Rei uxoriæ* se rattache, à vrai dire, celle des *retentiones*. Ce que le mari gardait était une *retentio* ; seulement elle différait des *retentiones* du Droit classique, en ce que le quantum n'en était point fixé d'avance par les règles du Droit.

Il est assez difficile de préciser l'époque où le « quid æquius melius erit apud virum remanere » fut remplacé par une quotité invariable. Cette réglementation fut probablement l'œuvre d'une loi. Il ne pouvait appartenir à des jurisconsultes, quelque autorité qu'ils eussent d'ailleurs, de fixer eux-mêmes, de leur propre autorité, la portion de la dot que le mari avait le droit de garder. D'ailleurs, quelle que soit la date de cette réforme, il paraît certain que si l'on posa des limites au pouvoir d'appréciation du juge, ce fut pour éviter l'arbitraire qui pouvait résulter de ce pouvoir.

Jusqu'à présent, nous avons supposé le champ d'application des *retentiones* limité au cas de divorce. C'est que précisément dans l'origine, l'action *Rei uxoriæ* ne pouvait, elle aussi, être exercée que dans l'hypothèse d'un divorce. Mais cette action fut successivement étendue à d'autres cas de dissolution du mariage, et le champ d'exercice des *retentiones* se trouva par suite élargi.

D'abord, à une époque relativement rapprochée de sa création, l'action *Rei uxoriæ* fut donnée à la femme en cas de prédécès du mari. Cela résulte bien du passage de Tite-Live (Epist. XLVI) et d'un texte du Digeste (loi 66, pr. XXIV-3, *Soluto matrimonio*). Ce fragment rapporte une consultation de P. Mucius.

Cette extension de l'action *Rei uxoriæ* fut dictée par le désir de favoriser les seconds mariages, et d'augmenter ainsi le nombre des citoyens de l'État,

A une époque qu'il est impossible de déterminer, le cercle de l'action *Rei uxoriæ* fut encore agrandi, ce qui amena une nouvelle application de la théorie des *retentiones*. Lorsque la femme mourait *in matrimonio*, en principe le mari gardait la dot; la raison en était que la femme n'en avait plus besoin pour se remarier. Mais on fit une brèche à ce principe; on décida que si la dot était profectice, et si le père était encore vivant lors du décès de sa fille, le mari serait obligé de restituer la dot au père pour qu'il n'eût pas le double malheur de perdre sa fille et son argent (1).

Telle fut la remarquable évolution que subit l'action *Rei uxoriæ*; comme nous l'avons dit, la théorie des *retentiones* subit une évolution parallèle. Chaque fois que nous serons en présence d'une application de l'action *Rei uxoriæ*, nous aurons également sous les yeux une application des *retentiones*; seulement, nous verrons que, dans tous les cas, la théorie des *retentiones* ne s'applique pas avec la même étendue.

Nous avons supposé, jusqu'à présent, qu'à la dissolution du mariage la dot était réclamée par l'action *Rei uxoriæ*. Mais si la restitution de la dot avait été *stipulée*, il y avait lieu non plus à cette action, mais à l'action *Ex stipulatu*. On ne faisait plus promettre au mari, comme après le divorce de Sp. Carvilius Ruga, qu'il rendrait « quid æquius melius erit », mais bien « qu'il rendrait la dot ». Il résultait de là, que l'action *Ex stipulatu*, naissant de cette promesse, n'avait pas les caractères de l'ancienne action *Ex stipulatu*, naissant des « cautiones rei uxoriæ ». Ici, le juge, étant lié par les termes mêmes de la formule et du contrat sur lequel elle était calquée, devait condamner le mari à rendre la dot sans pouvoir tenir compte à ce dernier des chefs de retenue qu'il eût pu opposer à l'action « Rei uxoriæ ». C'est là d'ailleurs un point sur lequel nous reviendrons.

(1) Pomponius, l. 6, pr. *D. de Jure dotium*, XXIII-3. A côté de cette raison, il y en avait une plus sérieuse. C'était une raison d'ordre public. L'intérêt social veut que les mariages soient le plus nombreux possible; or à Rome, comme aujourd'hui, les filles sans dot trouvaient difficilement des maris, elles étaient, selon l'heureuse expression de Plaute, *inlocabiles* (*Aululaire*, II, 2, 13, *seq.*). Il fallait donc encourager les pères de famille à se dépouiller d'une partie de leur fortune pour leur faire une dot. Le meilleur moyen de les engager à faire cette libéralité était de leur laisser espérer que les biens dont ils se dépouillaient leur reviendraient un jour, si les hasards de l'existence les faisaient survivre à leur fille.

Justinien, en l'année 530, accomplit une grande réforme en
matière de dot. Il fusionna les deux actions « Rei uxoriæ » et « Ex
stipulatu ». Nous verrons que cette réforme importante en entraîna
une autre non moins grande, au sujet des « Retentiones ex dote ».

CHAPITRE PREMIER

ÉTUDE DES DIVERSES « RETENTIONES »

Ainsi que nous l'avons dit plus haut, la théorie des *retentiones* reçoit son application dans toutes les hypothèses où s'exerce l'action *Rei uxoriæ ;* mais elle s'applique avec plus ou moins de largeur suivant le cas dans lequel cette action est intentée ; de sorte que pour se rendre bien compte du mécanisme de notre institution il faut distinguer si l'action est exercée après le divorce, — ou après la mort du mari, — ou après la mort de la femme. Nous supposons, bien entendu, dans ce dernier cas, que la dot est profectice et que le père a survécu à sa fille.

PREMIÈRE HYPOTHÈSE

L'ACTION « REI UXORIÆ » EST INTENTÉE APRÈS LE DIVORCE

C'est dans cette hypothèse que l'institution de *retentiones* s'applique avec le plus d'étendue, à condition que l'on suppose que, les deux époux étant encore vivants, l'action *Rei uxoriæ* est intentée par la femme contre le mari. Si nous imaginons, au contraire, que l'un d'entre eux est décédé, ou qu'ils le sont l'un et l'autre, de sorte qu'ils ne sont plus respectivement en présence dans l'action, alors le champ d'exercice des *retentiones* devient beaucoup plus restreint. Nous envisagerons successivement ces deux situations.

I. — Nous allons d'abord étudier le cas le plus commun, celui où le mari et la femme sont tous deux parties à l'action ; nous jetterons ensuite un coup d'œil sur les hypothèses où l'action est intentée par la femme contre les héritiers du mari, — ou par les héritiers de la femme contre le mari, — ou encore par les héritiers de la femme contre ceux du mari.

Lorsque c'est la femme qui agit contre le mari, il peut y avoir lieu à l'exercice de toutes les *retentiones* qui, nous l'avons dit plus haut, sont au nombre de cinq (Ulpien, *Règles*, VI, § 9).

1° *Retentio propter liberos,*

2° — *propter mores,*

3° — *propter impensas,*

4° — *propter res donatas,*

5° — *propter res amotas.*

Nous allons étudier successivement chacune de ces causes de retenues.

A. — Retentio propter liberos.

Voici comment s'expriment au sujet de cette *retentio* les §§ 10 et 11 (VI) des *Règles* d'Ulpien : « 10. Propter liberos retentio fit, si culpa mulieris aut patris, cujus in potestate est, divortium factum sit; tunc enim singulorum liberorum nomine sextæ retinentur ex dote; non plures tamen quam tres. Sextæ in retentione sunt, non in petitione. — 11. Dos quæ semel functa est, amplius fungi non potest, nisi aliud matrimonium sit. »

Tel est le texte d'Ulpien, tel que le donnent certains auteurs, notamment M. Pellat. Nous avons tenu à le rapporter in extenso, en tête même de nos explications sur la *retentio propter liberos.* C'est qu'en effet cette lecture n'a pas été adoptée par tous les Romanistes, et notamment par deux savants distingués, MM. Huschke et Giraud, qui ont restitué le texte d'Ulpien de la façon suivante : « 10. Propter liberos retentio fit, si culpa mulieris aut patris cujus in potestate est, divortium factum sit; tunc enim singulorum liberorum nomine sextae retinentur ex dote; non plures tamen quam tres. — 11. Sextarum retentione, si matrimonium repetitum sit, dos, quæ semel functa est amplius fungi non potest nisi aliud matrimonium sit. » (N. B. Les lettres capitales indiquent la restitution de M. Huschke dans sa *Jurisprud. antej.*, édition de Leipsig, 1879.) On verra plus loin qu'il est intéressant de comparer les deux versions.

Du texte d'Ulpien, on peut rapprocher un texte de Paul qui est conçu dans le même sens, et qui nous a été conservé par Boëce (*Commentaire sur les Topiques de Cicéron*, II) : « Paulus, Institutorum libri secundi, titulo de dotibus, ita disseruit : «Si divortium est matrimonii et hoc sine culpa mulieris factum est, dos intiegra repetetur. Quod si culpa mulieris factum est divortium, in singulos liberos sexta pars dotis a marito retinetur usque ad mediam duntaxat partem dotis. »

Ainsi que cela résulte des textes que nous venons de citer, pour que le mari poursuivi par l'action *Rei uxoriæ* puisse retenir une portion de la dot *propter liberos*, deux conditions sont nécessaires. Il faut : 1° que le divorce ait eu lieu par la faute de la femme ou de son *paterfamilias;* — 2° qu'il y ait des enfants issus du mariage. — Examinons en quelques mots chacune de ces deux conditions : 1° Quand la femme sera-t-elle en faute? Il y aura faute de la femme, non seulement quand elle aura commis un fait repréhensible, susceptible de motiver le divorce, mais quand elle aura sans raison, par pur caprice, envoyé le *repudium* à son mari.

Au contraire, lorsque ce sera le mari qui aura envoyé le *repudium* arbitrairement, il sera tenu de rendre la dot en totalité, sans pouvoir rien retenir *ob liberos*. Le mari ne gardera rien non plus, *propter liberos*, lorsque par une faute grave il aura donné lieu au *repudium* de la part de sa femme. On ne peut dire, en effet, que le divorce a lieu par la faute de cette dernière, lorsque le mari lui rend la vie commune impossible par ses agissements. Ce sera donc au juge de l'action *Rei uxoriæ* à examiner si, en fait, l'époux qui a répudié son conjoint avait une raison sérieuse de le faire, et il déclarera en faute non point celui qui par sa conduite, aura envoyé le *nuntium repudii*, mais celui qui aura rendu cette mesure nécessaire. *Voyez* dans ce sens : Cicéron, *Topiques*, ch. 4 ; — Boëce, Comment. sur ce passage ; — et Papinien, lib. IV. Resp, reproduit aux *Frag. Vatic.*, § 121.

Enfin, le mari ne pourra rien retenir non plus *propter liberos*, si le divorce a lieu *bona gratia*, car ici encore on ne peut dire que le divorce est arrivé *culpâ mulieris*.

2° La deuxième condition, avons-nous dit, pour qu'il y ait lieu à la *Retentio propter liberos*, c'est qu'il y ait des enfants. Cela va de soi. Il en résulte que si le divorce a lieu par un pur caprice de la femme, que si elle envoie sans cause légitime le *repudium* à son mari, et qu'il n'y ait point d'enfants issus du mariage, la femme reprendra sa dot intacte, absolument comme si le divorce avait eu lieu *bona gratia*. Mais il faut pour cela, nous le répétons, qu'il s'agisse simplement pour la femme d'un divorce arbitraire, car si le divorce avait été motivé par une autre faute de cette dernière, par sa mauvaise conduite, par exemple, alors, bien qu'il n'y ait point d'enfants, la femme ne reprendrait pas sa dot intacte, elle serait obligée de subir une *retentio* dont nous aurons à parler tout à l'heure, la *Retentio propter mores*.

Nous disons que pour que la femme subisse la *Retentio propter liberos*, il faut qu'il y ait au moins un enfant issu du mariage. On comprend dès lors quelle est la fraude qui dut venir à l'esprit des femmes, lorsque les mœurs romaines perdirent leur ancienne pureté. Une femme qui formait des projets de divorce, et qui se sentait grosse, pouvait très bien se faire avorter afin d'empêcher l'application de la *Retentio propter liberos*. Les Romains déjouèrent cette fraude. Un texte grec traduit de Paul, livre VII, *ad Sabinum*, nous dit que « si la femme se fait avorter sans le consentement de son mari, elle devra supporter la *retentio* du sixième à raison de cet avortement, tout comme si elle était régulièrement accouchée d'un enfant vivant (1). »

On comprend très bien que le mari ne puisse exercer la *Retentio propter liberos* que si le mariage est brisé par la faute de la femme ou de son père, et encore à condition qu'il y ait des enfants; que, dès lors, cette retenue ne puisse être opérée lorsqu'il n'y a pas d'enfants, quelle que soit la cause de rupture du mariage, ou alors même qu'il y ait des enfants, lorsque le mariage se dis-

---

(1) Le texte original de Paul est perdu. Le texte que nous reproduisons, et qui est la traduction de celui de Paul, était resté lui-même inconnu jusqu'à ce jour. Il fait partie (sous le n° III) de la série des *Fragments d'un jurisconsulte grec* découverts en 1880 par M. Bernardakis, dans la couverture d'un manuscrit appartenant au couvent du Mont-Sinaï. Ces fragments paraissent dater du v° siècle. Ils ont été déchiffrés par M. Rodolphe Dareste, avec l'aide de MM. Charles Graux et Henri Weil, et publiés ensuite dans la *Nouvelle Revue historique de Droit français, de 1880*. Ils contiennent beaucoup de détails intéressants sur la dot et les *retentiones*. Malheureusement plusieurs d'entre eux sont bien mutilés.

soit *bona gratia* ou par la faute du mari. En effet, la dot est apportée au mari pour l'aider à faire face aux charges du mariage, et notamment aux dépenses d'entretien des enfants. En recevant cette dot, le mari compte sur elle pour élever la famille ; il ne faut pas qu'ensuite un caprice, une faute de sa femme, ou du *paterfamilias* de celle-ci viennent, en amenant la rupture du mariage, l'obliger à rendre la dot, tandis que les enfants continueraient à rester à sa charge. En toute justice, il faut que le mari, pour élever les enfants, puisse retenir une portion de cette dot qu'il a reçue et qu'il va restituer. Mais il est clair que quand il consent lui-même à la rupture de l'union conjugale, soit expressément (divorce *bona gratia*, ou *repudium* arbitraire du mari envers la femme), soit tacitement (en donnant lieu au divorce par son inconduite), alors il ne peut plus dire qu'on lui enlève malgré lui la dot sur laquelle il comptait pour élever sa famille, et on ne lui laisse plus rien *propter liberos*.

On comprend aussi que cette *retentio* étant destinée à couvrir le mari des dépenses que va lui occasionner désormais l'entretien des enfants, il ne puisse rien retenir dans ce but, quand il n'y a pas d'enfants, alors même que le mariage ait été dissous par la faute de la femme ou de son *paterfamilias*. Cela n'a pas besoin d'être dit.

En somme, le caractère dominant, sinon l'unique caractère de la *Retentio propter liberos*, nous paraît être celui d'une indemnité. Cette idée se trouve confirmée, ce nous semble, par un passage de Cicéron (*Topiques*, chap. 4) : « Si mulier, quum nupta fuisset cum eo, qui cum connubium non esset, nuntium remisit, quoniam qui nati sunt matrem sequuntur, pro liberis manere nihil oportet. » Le jurisconsulte prévoit le cas où deux personnes se sont mariées, alors qu'elles n'avaient point le *connubium* l'une à l'égard de l'autre. Le mariage est nul, évidemment, mais on suppose que cette nullité est ignorée des époux. La femme envoie arbitrairement, sans motif, le *nuntium repudii* à son prétendu mari. Y aura-t-il lieu, au profit de ce dernier, à la *Retentio propter liberos* ? Non, nous disent les *Topiques*, bien que des enfants soient nés de cette union. Pourquoi la *retentio* ne pourra-t-elle être exercée ? Est-ce parce que la *retentio* n'a lieu qu'au cas de divorce, et qu'ici il n'y a pas eu divorce, puisqu'il n'y avait point mariage ? Ce serait une raison, évidemment, mais ce n'est point celle que Cicéron invoque. Pour lui, il n'y aura pas *retentio* « quoniam qui nati sunt matrem sequuntur », parce que les enfants suivant la condition de leur mère sont à sa charge ; que, dès lors, le père ne peut point dire que le divorce lui cause un préjudice en laissant à sa charge ces enfants. Or s'il n'y a pas de préjudice, pourquoi y aurait-il une indemnité, pourquoi y aurait-il une *retentio* ?

Si la *Retentio propter liberos* est une indemnité, n'est-elle pas aussi une peine ? Les auteurs lui ont aussi reconnu ce caractère. « Il n'y a pas simplement intention d'indemniser le mari, dit M. Pellat, dans ses *Textes sur la dot*, car, bien que la rétention soit proportionnelle, dans une certaine limite, au nombre d'enfants dont il demeure chargé, elle ne lui est accordée qu'autant qu'il y a eu faute de la femme » (page 17).

Nous tirerons plus loin les conséquences de cette dualité de caractère.

Le montant de la *retentio* est d'un sixième par enfant sans pouvoir dépasser la moitié de la dot, quel que soit le nombre des enfants, « non plures quam tres », dit Ulpien.

Si le mari poursuivi par l'action *Rei uxoriæ* avait rendu la dot sans faire valoir la *Retentio propter liberos*, pourrait-il réclamer par voie d'action ce qu'il aurait pu garder par voie de retenue ? Pour ceux qui adoptent la lecture de Huschke, la question est insoluble. En effet, dans cette leçon, le texte est muet sur la question que nous nous posons, et chercher à la résoudre, c'est marcher en aveugle dans le domaine des conjectures Au contraire, si on adopte la leçon de Pellat, le texte est formel : « Sextæ in retentione sunt, non in petitione. » On peut retenir les sixièmes, mais on ne peut pas les réclamer par voie d'action, après avoir rendu la dot. A côté de cette lecture de Pellat il s'en est produit une autre : « 10..... tunc enim singulorum liberorum nomine sextæ retinentur ex dote ; non plures tamen quam tres sextæ in retentione sunt, non in petitione. » Comme on le voit, pour les partisans de cette restitution, non seulement le mari qui aurait restitué la dot sans exercer la retenue pourrait agir par voie d'action pour réclamer *prop-*

ter liberos une portion de cette dot, mais encore, par cette action, il pourrait demander plus qu'il n'aurait pu retenir. C'est la conséquence à laquelle on arrive forcément si on adopte cette façon de lire le texte ; le maximum de trois se rapporterait non point au cas de *petitio*, mais au cas de *retentio*. Cette différence entre les deux cas serait inexplicable ; aussi pensons-nous qu'il faut suivre dans le texte la ponctuation donnée par M. Pellat, et dire avec lui : « Sextæ in retentione sunt non in petitione. » Si le mari a rendu la dot sans profiter de la retenue, il ne pourra en réclamer le montant par une action. Si l'on n'adopte pas la leçon de Huschke, il faut forcément admettre celle de M. Pellat, sous peine d'arriver à ce résultat bizarre que nous venons de signaler, une différence inexplicable entre l'action et la retenue, dans le maximum qu'elles peuvent donner au mari.

Mais pourquoi le mari, après qu'il a rendu la dot, ne peut-il plus en réclamer un ou plusieurs sixièmes *propter liberos*? Au dire de certains auteurs, Ulpien nous en donnerait la raison dans la phrase qui forme le § 11 : « Dos quæ semel functa est amplius fungi non potest, nisi aliud matrimonium sit. » Une fois que la dot a rempli sa fonction de dot, une fois qu'elle a été restituée, elle n'existe plus, elle a perdu sa qualité de dot ; comment le mari pourrait-il, dès lors, intenter une action tendant à obtenir une portion de la dot? On ne peut pas réclamer une partie d'une chose qui n'existe plus. C'est là l'opinion de Schilling. Elle est adoptée par certains Romanistes, et notamment par un auteur très distinguée, M. Schupfer (*La famiglia nel diritto Romano*, t. Ier, p. 343. Padoue, 1876). Nous verrons si cette interprétation doit être admise.

Tel est le mécanisme normal de la *Retentio propter liberos*, nous aurons à nous demander plus loin si un pacte ne pourrait point modifier cette retenue, soit quant à son chiffre, soit quant à sa sphère d'application.

B. — Retentio propter mores.

« Morum nomine, dit Ulpien (*Règles*, t. VI, § 12), graviorum quidem, sexta retinetur ; leviorum autem octava. Graviores mores sunt adulteria tantum, leviores, omnes reliqui. »

La *Retentio propter mores* est donc celle qui est accordée au mari pour cause d'inconduite de sa femme. Le mot « mores » désigne la mauvaise conduite, et l'on distingue entre l'inconduite grave (*graviores mores*), c'est-à-dire l'adultère, et l'inconduite légère (*leviores mores*), c'est-à-dire toute autre faute que la loi ne prévoit point. Nous classerons par exemple. dans les *leviores mores*, le défaut, pour la femme, de se livrer à l'ivrognerie.

Nous verrons bientôt que les « mores » du mari étaient punies, elles aussi, d'une façon fort ingénieuse ; on lui faisait rendre plus qu'il n'eût restitué s'il n'eût pas été coupable.

La retenue que subit la femme pour son inconduite est fixée au sixième de la dot dans le cas de *graviores mores*, au huitième dans le cas de *leviores mores*. Elle est invariable dans sa quotité.

Nous savons que si l'on détermina le quantum des *retentiones*, ce fut pour éviter l'arbitraire du juge de l'action *Rei uxoriæ*, dans la fixation de ce qui devait rester au mari et de ce qui devait être rendu à la femme *ex æquo et bono*. Or, c'était surtout au cas de divorce arrivé par la faute de la femme, qu'il devait être difficile pour le juge d'estimer le « quid æquius melius erat reddi ». Le juge, dans cette hypothèse, devait apprécier le degré de culpabilité de la femme et fixer, d'après les règles de l'équité, ce qui devait lui être rendu sur sa dot, et ce qui devait, au contraire, rester entre les mains du mari. Caton, dans son discours *de Dote*, rapporté par Aulu-Gelle (*Noct. att.*, X, 23), qualifie le pouvoir du juge en disant qu'il faisait office de censeur. « Vir cum divortium fecit, dit-il, mulieri judex pro censore est : imperium quod videtur habet. » Le juge se décidait donc comme il l'entendait. Cependant, il est probable qu'une certaine jurisprudence s'établit et que, dans certains cas, les juges enlevaient à la femme une partie seulement de sa dot, dans d'autres, sa dot toute entière. C'est ce qui résulte du même discours de Caton sur la dot : « Si quid perverse tetreque factum est a muliere multatur ; si vinum bibit, si cum alieno viro quid probri fecit, condemnatur. » Nous pensons avec M. Gide (*Condition de la femme*, p. 152) qu'il résulte de l'apposition des deux mots *multatur* et *condemnatur* dans une même phrase, que la *multatio* était la perte partielle, et la *condemnatio* la perte totale de la dot (1).

Mais cette jurisprudence, on le comprend, n'avait rien d'obligatoire pour le juge qui, dans un cas où la coutume était d'enlever à la femme toute sa dot, pouvait, au contraire, ne lui en enlever qu'une partie. En d'autres termes, le juge conservait son pouvoir entièrement libre d'appréciation. Ainsi Pline le Naturaliste nous raconte, dans son *Histoire naturelle* (XIV, 14, 13), qu'un juge, Cn. Domitius, enleva à une femme que son mari avait répudiée pour avoir trop bu de vin une partie seulement de sa dot (*multavit*), tandis que nous savons par Caton et Aulu-Gelle que, dans ce cas, le mari pouvait retenir la dot toute entière (*condemnatur*).

Un autre fait cité par Valère Maxime (VIII, 2, 3) et par Plutarque (*Vie de Marius*, XXXVIII) nous montre également que si, d'habitude, le divorce pour cause d'impudicité de la femme donnait lieu au profit du mari à la retenue totale de la dot, le juge pouvait néanmoins, d'après les circonstances de la cause, ne frapper la femme que d'une retenue partielle. Le fait cité par Valère Maxime se rapporte au vii siècle de Rome. C. Titinius avait épousé une certaine Fannia dont il connaissait, paraît-il, l'inconduite ; puis, quelque temps après, il l'avait répudiée à cause de ses mauvaises mœurs. Il espérait que cette cause de divorce lui permettrait de garder toute la dot. C. Marius fut choisi pour juge. Que fit-il ? « Mulierem impudicitiæ ream sestertio uno, Titinium summa totius dotis damnavit ; præfatus idcirco, se hunc judicandi modum secutum, quod liqueret sibi, Titinium patrimonio Fanniæ insidias struentem impudicæ conjugium expetisse. »

En théorie, ce pouvoir d'appréciation illimité du juge avait l'avantage de permettre à ce dernier de mesurer la condamnation à la faute ; mais en pratique, comme nous l'avons déjà dit, il avait un grand inconvénient. Il laissait les époux entièrement soumis à l'arbitraire du juge. Un juge trop sévère pouvait dépouiller injustement une femme de sa dot, l'empêcher de contracter, faute

---

(1) Le mot *multare* se rencontre avec le même sens dans Boëce (*Commentaire sur les Topiques de Cicéron*, ch. 4), à propos de la *Retentio propter liberos*.

de biens, une union nouvelle, ce qui, aux yeux des Romains, était un grand mal pour l'État. A Rome, on a toujours pensé qu'il fallait favoriser les seconds mariages, afin d'accroître le nombre des citoyens.

On décida alors que le taux de la *Retentio propter mores* serait fixé à 1/8° pour le cas de faute légère et à 1/6° pour le cas d'adultère.

Comme nous l'avons déjà fait remarquer, en parlant des *retentiones* en général, il est bien difficile de dire la date de cette réforme. Des auteurs ont voulu la rattacher à une loi *Mænia de dote*, qui serait de l'année 568 de Rome, et dont Caton l'Ancien aurait été un des *suasores*. Mais alors il faut admettre que cette loi est postérieure au discours *de Dote*, dont nous avons ci-dessus, d'après Aulu-Gelle, rapporté deux passages importants. En effet, les pouvoirs étendus que Caton, dans ce discours, reconnaît au juge en cas de faute de la femme, ne cadrent pas du tout avec ceux que lui donnent les textes d'Ulpien que nous connaissons et qui ne seraient que la reproduction de la loi *Mænia*. Il faut donc forcément, nous le répétons, admettre que cette loi a été portée après le discours *de Dote*. Mais même en admettant cette hypothèse, ceux qui pensent que la fixation du taux de la *Retentio propter mores* fut l'œuvre de la loi *Mænia* se heurtent à une objection puissante. Si l'organisation de la *Retentio propter mores*, telle que nous la connaissons, datait de l'an 568 de Rome, comment Marius, faisant l'office de censeur, aurait-il pu condamner Titinius à ne rendre à Fannia qu'une partie, très grande il est vrai, mais enfin qu'une partie de sa dot? Il aurait été obligé de le condamner à rendre la dot toute entière ; car, ainsi que nous le dirons, lorsque les deux époux sont en faute, comme ils n'ont rien, en somme, à se reprocher l'un à l'autre, les choses doivent se passer comme s'il y avait eu divorce *bona gratia* et le mari ne peut rien prétendre sur la dot. (*V.* Scævola, L. 47. Digeste : *Soluto matrimonio*, XXIV-3.) Nous pensons donc que ce n'est point à une date aussi ancienne que celle de la prétendue *Lex Mænia de dote*, qu'il faut rattacher la fixation du quantum de la *Retentio propter mores*. Nous pensons cependant, ainsi que nous l'avons déjà dit à propos des *retentiones* en général, que c'est à une disposition législative qu'il faut attribuer la détermination de ce que le mari avait le droit de garder *propter mores*, ou mieux de la part au delà de laquelle il était tenu à restitution. Cette détermination aurait outrepassé les pouvoirs d'interprétation des jurisconsultes, elle ne peut qu'être l'œuvre d'un législateur (1).

Des auteurs ont voulu rapporter à Auguste cette innovation, et ils se sont fondés pour cela sur l'esprit même de la législation de ce prince. On sait quel fut le but de cet Empereur : rendre les unions légitimes plus fréquentes et en favoriser la stabilité. Pour cela, il fallait d'abord mettre un frein aux divorces en frappant de peines pécuniaires assez élevées l'époux, et notamment la femme, dont la conduite motivait le *repudium;* ensuite permettre à la femme de retrouver sa dot le moins ébréchée possible pour qu'elle pût contracter une nouvelle union. Auguste atteignit ce double but en organisant la *Retentio propter mores* telle qu'Ulpien nous la présente. Afin de punir la femme qui par son inconduite donnait lieu au divorce, il fixa le quantum de la *retentio* à un taux assez élevé pour que ce ne fût pas une peine illusoire, mais assez bas cependant pour que la femme ne fût pas réduite à la misère et qu'elle pût ainsi se remarier et donner des enfants à l'État 2-(3).

C'est donc sous Auguste que certains auteurs placent l'époque à laquelle aurait été fixée la part de dot que le mari devait garder en cas de divorce arrivé par la faute de sa femme. Ce serait une des lois *caducaires*, peut-être la *Lex Julia et Papia Poppæa*, qui aurait accompli cette réforme (4).

---

(1) Schulting (*Jurisp. vet. antej. ad Ulpianum, VI, 9*); Théodose le Jeune (*Nov. Theod.*, tit. 17, *De repud.*) dit que la matière des *retentiones* dérive *ex lege vetere*.

(2) V Schulting, *Jurisp vet. antej.*, page 585.

(3) Quant au mari, nous verrons les peines qui le frappaient dans le cas où, par son inconduite, il donnait lieu au divorce. Ces peines auraient été aussi organisées par Auguste comme pendant de celles qui frappaient la femme.

(4) Ce que nous disons de l'époque de la fixation de la *Retentio propter mores* s'appliquerait aussi à la *Retentio propter liberos* et pour les mêmes motifs. Elle aussi était accordée au mari dans le cas où le mariage était dissous par suite d'une faute de la femme. Bien mieux, elle lui était donnée même dans le cas de divorce arbitraire de la part de celle-ci. Or, ces divorces étaient précisément la plaie de Rome à la fin de la République. On comprendrait dès lors très bien qu'Auguste ait réglementé cette *retentio* dans une de ses lois caducaires. Nous ajoutons même qu'à notre avis, si tant est que le texte de Paul (*ad legem Jul. et Pap. Popp.*) que nous citons un peu plus bas vise une *retentio* quand il parle des *pœnæ discidii*, ce doit être à la *Retentio propter liberos*

Il est assez difficile de découvrir la vérité sur un point aussi obscur d'histoire juridique. Toutefois, on peut dire que cette innovation cadrerait très bien, comme nous l'avons fait remarquer plus haut, avec l'esprit général de la législation de cet Empereur.

Il faut constater aussi que les textes ne sont point contraires à l'opinion que nous rapportons et qu'ils lui sont même assez favorables. Ainsi, comme nous l'avons dit plus haut, Théodose le Jeune (*Nov. Theod.*, tit. 17, *de Repud.*) nous dit que les *retentiones* dérivent *ex lege vetere*. Ne pourrait-on pas dire qu'ici Théodose par cette loi ancienne désigne une des lois caducaires? Ces lois furent tellement célèbres que, presque toujours, quand les jurisconsultes emploient le mot *lex* isolé, ils visent par antonomase les lois dont nous parlons.

Un autre texte vient à l'appui de la même opinion ; c'est la loi 8 au Digeste XLIX-15, *de Captivis et Postliminio*. Ce texte est extrait du Commentaire de Paul sur la loi *Julia et Papia Poppæa*. Or, dans ce fragment, Paul nous parle des *pœnæ discidii*. C'est donc que la loi qu'il commente prononçait des peines contre l'époux qui amenait le divorce par sa faute et notamment par son inconduite. Or, quelles seraient ces peines si ce n'étaient la *Retentio propter mores* contre la femme, et contre le mari les peines qui en forment le pendant ?

Nous avons vu, à propos de la *Retentio propter liberos*, que si le mari avait omis de l'opposer sur la poursuite en restitution, il ne pouvait pas agir contre sa femme pour la réclamer. « Sextæ in retentione, non in petitione » dit Ulpien. Ce principe n'est formulé par le jurisconsulte que pour la *Retentio propter liberos*, faut-il le transporter à la *Retentio propter mores*? Nous pensons que si le mari avait négligé d'opposer la retenue, il pouvait agir contre sa femme par le *Judicium de moribus* pour réclamer l'équivalent de ce qu'il aurait pu retenir *propter mores*. Mais cette idée n'est point admise par Schilling. Cet auteur (dans sa Critique du livre d'Hugo) pense que si le mari a rendu la dot sans opposer la *retentio*, il ne peut plus réclamer par voie d'action le sixième ou

qu'il se rapporte, car dans ce fragment il s'agit simplement d'une séparation arbitraire, et non point d'un divorce arrivé par l'inconduite (*mores*) de la femme.

le huitième lui revenant *propter mores*. Pour lui, l'*Actio de moribus* est un *præjudicium* donné à la femme contre le mari ou au mari contre la femme pour faire constater la faute. Après le divorce, le mari agirait contre la femme *de moribus*, et une fois la faute établie, il rendrait volontairement la dot, en retenant le sixième ou le huitième, — ou bien il attendrait que la femme intentât l'action *Rei uxoriæ*, et alors le juge de cette action ne le condamnerait que déduction faite du sixième ou du huitième. — Quant à la femme, le *Judicium de moribus* lui serait également utile, disons-nous, car après avoir fait constater la faute du mari par cette action, elle serait certaine d'obtenir, par l'action *Rei uxoriæ*, l'application des peines qui forment le corrélatif de la *Retentio propter mores*.

M. Tigerstrom (*Dotal-Recht*, t. II, p. 229 et suiv.) repousse ces idées, et avec raison, selon nous. Pour lui, l'*Actio de moribus* n'est pas un *præjudicium* destiné à faire constater la faute de la femme, car ce *præjudicium* serait inutile, puisque l'action *Rei uxoriæ* est *in bonum et æquum concepta* et que, dès lors, le juge peut constater la faute et en tenir compte dans la condamnation. Le *Præjudicium de moribus* ainsi conçu étant une institution inutile, quelle peut donc être la nature de l'*Actio de moribus?* C'est une sorte de *Judicium contrarium rei uxoriæ*. Par cette dernière action, la femme réclame sa dot, par le *Judicium de moribus*, le mari demande ce à quoi il a droit *propter mores*. On comprend donc que cette action puisse être exercée par le mari, s'il a restitué la dot sans opérer la *retentio*.

On conçoit que Schilling n'admette pas le mari à réclamer par le *Judicium de moribus*, après qu'il a restitué la dot, ce qu'il aurait pu retenir *propter mores* sur l'action *Rei uxoriæ*.

En effet, nous avons vu que si cet auteur n'autorise point le mari à demander par voie d'action le montant de la *Retentio propter liberos*, c'est qu'après la restitution la dot n'existant plus, il est impossible de concevoir que le mari ait une action pour réclamer une fraction d'un tout qui n'existe pas. Schilling devait être amené logiquement à la même solution pour la *Retentio propter mores* ; car si la dot n'a plus d'existence pour subir la *Retentio propter liberos*, comment en aurait-elle encore une pour subir la *Retentio propter mores?* C'est là une conséquence forcée de l'interprétation que ce Romaniste donne aux §§ 10 et 11 d'Ulpien. Mais nous verrons plus loin qu'il est difficile de voir entre les §§ 10 et 11 la corrélation de principe à conséquence que croit y trouver Schilling. En effet, si la phrase qui forme le § 11 était l'explication de celle qui forme le § 10, Ulpien aurait réuni ces deux phrases dans le même paragraphe, ou tout au moins, il aurait relié entre eux, par le mot *nam*, ou tout autre synonyme, les deux paragraphes en question ; — d'autre part, s'il était exact que le mari ne puisse point, par voie d'action, réclamer le sixième *propter liberos* parce qu'il est impossible de réclamer une fraction d'un tout qui n'existe plus, si cette raison était exacte, disons-nous, elle s'appliquerait également à la *Retentio propter mores*, alors, au sujet de cette *retentio*, Ulpien nous aurait répété 1° qu'elle peut bien s'exercer par voie de *retentio* mais non par voie de *petitio ;* 2° que la cause en est dans ce que, une fois la dot rendue, cette dot n'existant plus, elle ne peut pas être l'objet d'une action qui suppose la qualité de dot. » Or, c'est ce qu'Ulpien n'a point fait. Nous en concluons : 1° que le montant de la *Retentio propter mores* peut être obtenu par voie d'action ; — 2° que si le montant de la *Retentio propter liberos* ne peut être demandé par voie d'action, ce n'est pas parce qu'après la restitution la dot a perdu sa qualité de dot (cela serait bien subtil, en effet), mais pour toute autre raison qu'Ulpien ne nous donne pas.

Eh bien ! pourquoi cette différence entre les deux *retentiones* dont nous parlons ? Pourquoi l'équivalent de l'une peut-il être réclamé par voie d'action, tandis que l'équivalent de l'autre ne le peut point? Cela tient, pensons-nous, à la nature même des deux *retentiones*. Si la *Retentio propter liberos* n'est pas absolument une indemnité pour le mari, c'est là tout au moins son caractère principal et dominant; elle est établie dans son intérêt privé, à lui mari, il peut y renoncer, et on suppose que s'il ne l'a pas opposée sur l'action *Rei uxoriæ*, il y a effectivement renoncé. La *Retentio propter mores*, au contraire, n'a pas ce caractère exclusivement privé ; elle contient, comme le dit la loi 5, pr. *de Pactis dotalibus* (XXIII-4), une *publica coercitio*. Aussi ne suppose-t-on pas aussi facilement une renonciation de la part du mari. S'il veut renoncer au bénéfice de la *Retentio propter mores* une fois le divorce arrivé, il faut qu'il s'explique expressément (1), mais sa renonciation ne se présume pas. De sorte que s'il a restitué la dot sans exercer la *retentio*, il pourra toujours faire valoir son droit par le *Judicium de moribus*.

La *Retentio propter mores* était destinée à punir l'adultère ou les écarts de conduite de la femme. Mais cette dernière n'était pas désarmée contre les mauvaises mœurs du mari. Il ne pouvait être question à son profit d'une *retentio* à l'encontre de son mari, puisqu'elle n'avait rien à lui restituer, mais on avait organisé en sa faveur un système de pénalité qui nous est indiqué dans le § 13 des *Règles* d'Ulpien (titre VI). « Mariti mores puniuntur, dit ce jurisconsulte, in ea quidem dote quæ annua, bima, trima die reddi debet, ita ut propter majores mores præsentem reddat, propter minores mores senum mensum die. In ea autem quæ præsens reddi solet, tantum ex fructibus jubetur reddere, quantum in illa dote quæ triennio redditur repræsentatio facit. »

Comme on le voit par ce texte, pour comprendre le système de pénalité organisé contre le mari, il faut distinguer entre les deux espèces de dot : 1° la dot que le mari n'est pas tenu de rendre immédiatement, et 2° celle qu'il est tenu de rendre de suite après la dissolution du mariage. On sait, en effet, que lorsque le mari devait restituer des choses « quæ pondere, numero mensurave constant », comme il pouvait ne point avoir ces choses sous la main, on lui donnait trois termes d'un an chacun (*annuâ, bimâ, trimâ die*) pour opérer cette restitution. Tandis que si la dot était restituable en corps certains, on voulait qu'elle fût rendue immédiatement. Le mari, en effet, n'ayant pu consommer les choses qui lui avaient été données en dot, devait les avoir sous la main, de sorte qu'il n'était pas nécessaire de lui accorder un délai plus ou moins long pour se les procurer et en accomplir la restitution.

Examinons séparément les deux hypothèses : 1° la dot consiste en choses « quæ annuâ, bimâ, trimâ die reddi solent ». Si le mari

---

(1) Il semble même résulter d'un texte de Paul (lib. 35, *ad Edictum*) qui forme la loi 20, D. *de Pactis dotalibus*, — *in pr.* que la remise expresse de la *Retentio propter mores*, faite après le divorce, est sans valeur. Nous examinerons ce texte plus loin.

s'est rendu coupable d'adultère (*graviores mores*), il perdra le bénéfice des trois termes et devra rendre la dot immédiatement. Si au contraire il n'a commis qu'une faute plus légère de conduite, les trois termes d'un an chacun seront réduits à six mois chacun « senum mensum die »;

2° La dot consiste en corps certains : Si le mari n'eût pas été coupable, il eût été obligé de rendre la dot immédiatement. Mais puisqu'il est coupable, quel système de pénalité lui appliquera-t-on? On lui fera rendre quelque chose de plus que la dot, de façon à le frapper d'une peine égale à celle qu'il aurait subie si la dot eût consisté en choses de genre. Outre le capital de la dot, il rendra une certaine quantité de fruits, et cette quantité sera plus ou moins considérable suivant qu'il s'agira de *majores* ou de *minores mores*.

Supposons qu'il s'agisse de *majores* (ou *graviores*) *mores*, si la dot avait été restituable en trois termes d'un an, pour punir le mari on lui aurait infligé une restitution immédiate. Il aurait donc perdu pour la dot toute entière, les fruits d'une année, — pour les deux tiers de la dot, les fruits d'une autre année, — enfin pour le dernier tiers de la dot, les fruits d'une troisième année, soit en tout deux années de fruits. En d'autres termes, le mari aurait perdu, par cette restitution anticipée, une quantité de fruits égale à celle qu'il aurait perçue pendant les trois ans à lui donnés pour accomplir sa restitution. Or, si la dot est restituable en corps certains, on le frappe d'une peine équivalente. Donc, on lui fera donner, outre le capital dotal, une quantité de fruits égale à celle qu'il aurait perçue pendant deux ans.

Supposons maintenant qu'il s'agisse de *minores mores* ou *leviores mores*. Si la dot avait consisté en choses de genre, le mari aurait eu pour accomplir sa restitution trois termes de six mois chacun. Il aurait donc perdu non plus deux années de fruits, comme dans l'hypothèse précédente, mais une année seulement qu'il aurait perçue s'il n'eût pas été coupable. Si la dot est restituable sans délai, c'est-à-dire si elle consiste en corps certains, on lui fera rendre, outre le capital dotal, les fruits d'une année (1).

(1) Niebuhr, dans son *Histoire romaine* (tome V, pages 82, 83 de la traduction Golbéry), a prétendu que les peines qui frappaient le mari et la femme étaient

Il est probable que si la femme oubliait de se faire tenir compte, dans la restitution de sa dot, de l'augmentation à laquelle elle avait droit par suite de la faute de son mari, elle pouvait agir *de moribus* pour réparer cette omission (Pellat, *Textes sur la dot*, p. 2)7. Peut-être quand le divorce avait eu lieu pour cause de sévices du mari, le *Judicium de moribus* prenait-il tout spécialement le nom d'*Actio malæ tractationis*. C'est là, pensons-nous, le sens qu'il faut donner à deux passages de Quintilien (*Déclamations orat.*, VIII, XIX; et *Institutions orat.*, VII-4).

Si les deux époux étaient en faute, les torts se compensaient et la restitution de la dot avait lieu absolument comme si le divorce était arrivé *bona gratia*. (D. *Soluto matrimomio*, XXIV-3, L. 39; et *eod. tit.*, L. 47.)

Pour la *Retentio propter mores*, comme nous l'avons fait pour la *Retentio propter liberos*, nous renvoyons à une place ultérieure l'examen de cette question : « les parties pourraient-elles, par un pacte dotal, supprimer la *retentio* ou tout au moins en modifier le *quantum ?* »

C. — Retentio propter impensas.

§ 1er. — DIVERS CAS D'APPLICATION DE CETTE « RETENTIO ».

La troisième cause qui, d'après Ulpien, autorise le mari à retenir une partie de la dot, ce sont les impenses ou dépenses par lui faites sur les choses dont elle se compose.

Comme ces dépenses ne donnent pas toujours lieu à une *retentio*, Ulpien, dans ses *Règles*, devait commencer par distinguer les diverses catégories d'impenses; puis, il devait nous dire quelles sont celles qui peuvent motiver une retenue. La seconde partie de ses explications ne nous est point parvenue.

Nous suivrons la méthode d'Ulpien.

Les impenses peuvent être nécessaires, — utiles, — ou voluptuaires.

<hr>

égales. Un professeur allemand, Schrader, a adopté ce système, sauf sur certains points de détail. M. Pellat (*Textes sur la dot*, pages 30 et suiv.) a réfuté très habilement cette idée. Il serait trop long de reproduire les deux argumentations nous nous contentons de renvoyer aux ouvrages de ces auteurs.

A. *Impenses nécessaires.* — En matière de dot, les dépenses
nécessaires sont celles qui ont empêché la diminution de valeur
ou la destruction totale de la dot. (Ulpien, tit. VI, *Reg.*, § 15 ; et
D. L. 16, l. 79.)

Au point de vue spécial des *retentiones*, il ne faut point donner
aux mots « dépenses nécessaires » un sens aussi large. Il ne faut
compter comme impenses nécessaires que celles qui ne rentrent
pas dans les frais ordinaires d'administration. Ainsi, à notre
point de vue, ne seront point impenses nécessaires les frais de
culture des terres, la nourriture des esclaves et les autres déboursés
du mari qui ont pour but l'administration quotidienne de la dot.
Il est bien vrai de dire que, sans ces dépenses, la chose dotale
périrait ou diminuerait de valeur, mais comme ces dépenses ont
pour but de tirer de la chose les produits qu'elle peut donner (1),
et que, d'autre part, le mari profite de tous ces produits, la loi
n'en tient point compte à ce dernier. « Tueri res dotales vir suo
sumptu debet. » En conséquence, si nous voulons donner des
dépenses nécessaires, en nous plaçant au regard des *retentiones*,
une définition exacte et complète, nous dirons : « Ce sont celles
qui empêchent la perte totale ou la détérioration de la dot, mais
qui ne rentrent pas dans les frais ordinaires d'administration (2). »

Il sera quelquefois assez difficile de dire si la dépense rentre
dans ce que les Romains appelaient la *tutela*, l'entretien des
choses dotales, ou si elle constitue une de ces dépenses extraor-
dinaires qui donnent lieu à la *retentio*. Neratius (L. 15, *de 1 mp.
in res dot. fact.*) nous dit que c'est là une question de fait qui se
tranchera d'après les circonstances. Mais Ulpien, lui, essaie de
donner un criterium, dans la loi 3, § 1ᵉʳ, D. (*de Impens. in res dot.
fact.*) ; la dépense se compensera avec les fruits si elle n'a d'utilité
que pour l'année présente ou pour un temps très court ; au contraire, si l'utilité de la dépense doit rejaillir à perpétuité ou pour
longtemps sur le fonds, alors, nous dit le jurisconsulte, il faudra la ranger parmi les dépenses nécessaires, « necessariis impensis computandum .»

Parmi ces dernières dépenses, nous compterons les grosses

(1) L. 7, § 16 ; D. *Solut. matrim.*, XXIV-3.
(2) L. 3, § 1 ; LL. 15 et 16. *De impensis in res dot. fact.*, D. XXV—1.

réparations faites à une maison dotale menaçant ruine, les frais des maladies graves des esclaves, le remplacement des arbres fruitiers qui étaient morts..... (1).

Si le mari négligeait de faire les dépenses nécessaires, et que la chose pérît ou se détériorât par suite de cette omission, sa responsabilité se trouverait engagée. Aussi, dans la loi 4 au Digeste (*de Impensis....*), Paul nous dit-il : « Judex tanti maritum damnabit quanti mulieris interfuerit eas impensas fieri. » En d'autres termes, si le mari ne fait pas les réparations dont le montant forme les dépenses nécessaires, il devra être condamné à des dommages-intérêts égaux au préjudice subi par la femme.

Le texte de Paul que nous venons de citer nous montre implicitement, au point de vue qui nous occupe, une différence très importante, entre le mari et le possesseur de bonne foi défendeur à la revendication ou à la pétition d'hérédité. Si le possesseur de bonne foi ne fait pas les dépenses dites nécessaires, s'il laisse périr ou se détériorer la chose, le propriétaire revendiquant ne pourra pas lui demander des dommages-intérêts de ce chef. Le possesseur se croyait véritable propriétaire, on ne peut pas lui faire un crime de s'être conduit en propriétaire légitime. En effet, ce dernier n'est point tenu de faire sur son fonds des dépenses de quelque nature qu'elles puissent être, il peut bien le laisser périr si cela lui plaît.

Si c'est, au contraire, un mari qui a négligé de faire les dépenses nécessaires à la conservation du fonds dotal, les raisons de décider ne sont plus les mêmes. Le mari n'ignore point qu'il pourra, d'un moment à l'autre, être tenu de rendre la dot. Il doit donc agir non pas en propriétaire, mais en sage administrateur, et, par conséquent, faire les dépenses qu'exige la conservation du fonds dotal.

On peut donc définir les dépenses nécessaires en matière de dot : « celles à défaut desquelles la dot périrait ou diminuerait de valeur, et que le mari est tenu de faire à peine de dommages-

____

(1) Au contraire, rentreraient dans la *tutela rerum*, et ne donneraient pas lieu à réclamation de la part du mari, la *modica refectio* des bâtiments dotaux, les frais des indispositions légères des esclaves, la taille et l'entretien des arbres fruitiers,..., toutes dépenses qu'on a l'habitude de prendre sur ses revenus plutôt que sur son capital. *V.* Pothier, L. 15 (*de Imp. in res dot. fact.*).

intérêts. » C'est à peu près la définition qu'en donnent les Fragments grecs du Mont-Sinaï. Nous traduisons mot à mot : « Les dépenses nécessaires sont celles dont le non-accomplissement mettrait en jeu la responsabilité du mari poursuivi par l'action *Rei uxoriæ.* »

Puisque nous en sommes à parler des dommages-intérêts que pourrait encourir le mari s'il ne faisait pas les dépenses nécessaires, nous ferons une remarque importante. Pour que le mari puisse être condamné, il faut que l'omission des dépenses nécessaires cause un préjudice à la femme ; si elle ne lui cause aucun dommage, le mari sortira indemne de l'action *Rei uxoriæ.* Un exemple va faire saisir notre pensée. Admettons qu'un coup de vent ait arraché la toiture d'une maison dotale. Voilà maintenant l'intérieur exposé au vent, à la pluie, à toutes les intempéries de l'air. Le mari, pour empêcher les dégradations, devrait refaire cette couverture. Mais il ne la refait pas. Les choses restent ainsi pendant plusieurs années ; puis, le mariage se dissout. Quand la femme reprend son immeuble, elle dit à bon droit au mari : « Vous vous êtes conduit en mauvais administrateur, vous auriez dû faire cette réparation nécessaire ; vous ne l'avez pas faite, je souffre un préjudice, car ma maison a diminué de valeur. Indemnisez-moi. »

Mais supposons que quelques jours avant la dissolution du mariage, un incendie fortuit, le feu du ciel, dévore complètement la maison dotale. Pourra-t-elle réclamer à son mari une indemnité pour n'avoir pas refait la toiture de son immeuble ? Non, parce que la mauvaise administration du mari, la « res male gesta », comme dit Paul, ne lui cause aucun préjudice. Si le mari eût fait la réparation urgente que le coup de vent avait rendue nécessaire, la maison n'en eût pas moins brûlé, elle n'en eût pas moins été perdue pour la femme (1).

En cas de perte de la chose dotale, la femme ne pourrait réclamer des dommages-intérêts à son mari que si la perte provenait de l'omission même des dépenses nécessaires.

B. *Impenses utiles.* — Tout autre est la notion des impenses utiles. Le mari, en faisant ces impenses, augmente la valeur du

______

(1) *V.* Paul, L. 4, *de Imp. in res dot. fact.,* XXV-1, au Digeste. Nous reviendrons sur cette loi.

fonds, mais s'il ne les eût point faites le fonds n'aurait pas péri et il n'aurait point diminué de valeur. C'est ainsi que les définit Ulpien dans le § 16 (titre VI) de ses *Règles* (1) : « Utiles sunt, quibus non factis quidem deterior dos non fieret, factis autem fructuosior effecta est, veluti si vineta et oliveta fecerit. » Les textes nous citent plusieurs exemples de dépenses utiles ; par exemple, le mari plante un verger sur une terre labourable, il construit une boulangerie ou un grenier sur un fonds dotal. (L. 79, § 1, *in fine*. D. *de Verborum signif.*, L. 16.)

Au contraire, la loi 1, § ult., *de Impensis in res dotales factis*, range parmi les dépenses nécessaires la construction d'une boulangerie ou d'un grenier sur le fonds dotal.

Cela s'explique très bien. Il est très difficile de dire à première vue si telle dépense est utile ou nécessaire, cela dépend des circonstances dans lesquelles elle a été faite. Supposons que le bien dotal consiste en une ferme isolée et située dans les montagnes, de sorte que, pendant une partie de l'année, les communications sont impossibles avec tout lieu habité. Les époux se trouveront dans l'alternative ou d'y construire une boulangerie (*pistrinum*) et un endroit pour serrer les provisions(*horreum*), ou de l'abandonner, ce qui l'exposera à dépérir faute de culture et de surveillance. N'est-il pas vrai qu'ici (2) ces constructions rentreront dans la catégorie des impenses nécessaires ? Mais supposons au contraire que la ferme dotale soit à proximité de la ville, dans ce cas, la boulangerie et le grenier à provision n'étaient plus indispensables, et seront uniquement des impenses utiles. Il est évident que si le mari n'augmente par la valeur du fonds par des dépenses utiles, il n'encourt aucune responsabilité. Il rend à la femme son bien dotal tel qu'il l'a reçu, sans plus-value, mais aussi sans détérioration ; la femme n'a point à se plaindre.

C. *Impenses voluptuaires.*—Ulpien, §17 (*Rég.*, tit. VI), définit ainsi

____

(1) *V.* aussi D., L., 16, *de Verborum significatione*, loi 79, § 1.

(2) Nous pourrions citer un autre exemple entrant dans le même ordre d'idées. Si le mari construit une digue pour protéger le fonds dotal contre les invasions d'un fleuve, c'est une dépense nécessaire, car le fonds est exposé chaque jour à être emporté par les eaux. Mais que cette digue, au contraire, soit construite dans le fleuve pour gagner du terrain sur les eaux, alors la dépense ne sera plus qu'une impense utile.

les dépenses voluptuaires : « Voluptuosæ sunt quibus neque omissis deterior dos fieret, neque factis fructuosior effecta est... » Ce sont donc celles qui n'ont ni conservé ni amélioré la dot, et qui n'ont eu pour but que l'agrément. Il y aura dépenses voluptaires si le mari fait planter des bosquets, construire des jets d'eau, ou établir des cascades, s'il fait faire des peintures sur le fonds dotal (1). Il est plus qu'évident que si le mari ne fait pas ces impenses, il n'encourt absolument aucune responsabilité.

Il se pourra que des dépenses qui sont ordinairement voluptuaires puissent, dans certains cas, être considérées comme des dépenses utiles et traitées comme telles. C'est ce qui arrivera lorsque la chose dotale, sur laquelle auront porté les impenses, sera destinée à être vendue « res promercalis », dit le jurisconsulte Paul (2). C'est qu'ici le mari n'a pas fait les impenses pour son agrément, puisque demain, aujourd'hui peut-être, il va être forcé de vendre la chose dotale. S'il a fait ces impenses, c'est pour pouvoir vendre cette chose à un prix plus élevé. Si le mari fait faire, par exemple, un bosquet dans la maison dotale qu'il habite avec sa femme, il est évident que cette dernière n'en est pas plus riche. Au contraire, s'il fait faire le même embellissement à une maison dotale destinée à être vendue, il est certain que cette maison, étant plus agréable, saisira l'œil de l'acheteur qui en donnera un plus haut prix (3).

Donc, pour les dépenses voluptuaires, comme pour les autres, il faut examiner chaque hypothèse en particulier, en tenant compte des circonstances dans lesquelles la dépense a été faite.

Maintenant que nous avons étudié les diverses catégories d'impenses, nous allons examiner quelles sont celles qui donnent lieu à la *retentio*. Comme nous l'avons dit, le texte d'Ulpien étant

(1) L. 79, § ult. D., *de Verb. signif.* L. 16; et Ulpien à notre paragraphe.
(2) L. 10, D., *de Imp. in res dot. factis*, XXV—1.
(3) Nous pensons, et c'est là un point sur lequel nous reviendrons, que lorsqu'il s'agit d'une *res promercalis* les dépenses voluptuaires doivent être traitées absolument comme des dépenses utiles. En conséquence, si la chose a été vendue pendant le mariage, les impenses devront être réputées utiles jusqu'à concurrence de ce que les choses auront été vendues plus cher que leur valeur antérieure. Si les choses n'ont pas été vendues pendant le mariage, on estimera la plus-value, et la dépense sera considérée comme utile jusqu'à concurrence de cette plus-value. Nous pensons cependant que dans les deux cas, si la femme a consenti à la dépense, cette dépense sera regardée comme utile pour le tout.

mutilé sur ce point, nous devrons chercher ailleurs la solution de
notre question.

1° Impenses nécessaires.

Le mari qui a fait sur la chose dotale des dépenses nécessaires
peut se couvrir du montant de ses impenses par une *retentio*. Ce
droit du mari se comprend facilement. La femme serait bien mal
venue à se plaindre, puisque si le mari n'eût pas fait ces impenses,
la chose dotale aurait été perdue pour elle en totalité ou en partie.

Le montant de la retenue sera égal aux dépenses mêmes; cela
se conçoit. Le mari n'a pas fait ces dépenses pour son propre
propre plaisir ; il les a faites parce qu'il y était obligé sous peine
d'engager sa responsabilité, il est donc juste qu'il puisse réclamer
ce qu'il a dépensé. Et il est juste qu'il puisse faire cette réclamation quand même la femme ne tirerait aucun profit de la dépense
faite. Le mari, en dépensant, a accompli une obligation, qu'importe ce qui arrivera plus tard ? C'est ce qui résulte de la loi 4,
D. *de Imp. in res dot. factis*, XXV-1, dont nous avons déjà
parlé.

Pour exprimer le droit du mari à une retenue, les textes se
servent de cette formule : « Impensæ necessariæ dotem ipso jure
minuunt. » Trois textes célèbres nous donnent le sens de ce
brocard. Ce sont les lois 5 pr. et § 1er, D., *de Impensis in res dotales
factis*, XXV-1 ; 56, § 3, D., *de Jure dotium*, XXIII-3 ; 1, § 4, D.
de Dote prælegata, XXXIII-4.

Dans le premier de ces textes, Ulpien, examinant le cas où la
dot consiste en choses corporelles, fonds, maisons..., etc., nous
avertit, après Pomponius, qu'il ne faut pas entendre par cette
expression, *dotem minuere*, une diminution qui aurait lieu *corporaliter*. Nous pensons qu'Ulpien, par le mot *corporaliter*, n'a
pas voulu viser une diminution matérielle. Il est évident qu'un
champ de 4 arpents valant 400 fr. ne peut être réduit à 3 arpents,
parce qu'on y aura fait une dépense nécessaire de 100 fr. Nous
croyons que le jurisconsulte a voulu désigner une diminution
juridique des choses dotales considérées comme corps, une diminution juridique des objets composant la dot. Cette interprétation
du mot *corporaliter* cadre bien avec le § 4 de la loi 1 *de Dote*

prælegata, où le même jurisconsulte nous dit que la diminution porte non point sur les *corpora singula*, mais sur l'*universitas dotis*. Dès lors, pour reprendre l'exemple que nous venons de laisser, si la femme avait en dot un fonds de 400 fr., et que les dépenses nécessaires s'élèvent à 100 fr., le fonds ne cessera pas d'être dotal pour 1/4. La diminution portera non point sur les objets dotaux considérés en particulier, mais sur la dot elle-même, envisagée comme universalité, ou, si l'on aime mieux, comme somme de valeurs. C'est ce que Pothier (*Pandectes*, liv. 23, tit. I, nᵒ 6) formule très bien en disant que la diminution se réfère « ad universitatem dotis, ad quantitatem quæ omnium rerum dotalium æstimatione conficitur ». Si la femme a apporté à son mari divers fonds de terre ayant une valeur totale de 10.000, et que ce dernier dépense 1.000 sur un de ces immeubles, à la dissolution du mariage, la femme retirera bien tous les fonds de terre qu'elle aura apportés; mais puisqu'en retour elle devra payer 1.000, à son mari, ce sera théoriquement comme si elle ne retirait que 9.000, et comme si la dot avait diminué d'un dixième.

Donc, nous le répétons, quand Ulpien nous dit que les choses dotales ne sont pas diminuées *corporaliter*, par les dépenses nécessaires, cela signifie que les choses dotales, malgré la dépense, restent dotales pour le tout et qu'elles ne deviennent pas la propriété du mari, au prorata du montant de la dépense. Seulement, la femme est la débitrice du mari, et à la dissolution du mariage, si la femme ne rembourse pas la dépense, le mari pourra retenir tout ou partie de la chose dotale, à titre de gage, jusqu'à ce qu'il soit payé. C'est ce qu'expriment formellement Paul, dans la loi 56, § ult. D., *de Jure dotium*, XXIII-3, et Ulpien, L. 5, pr., *de Impensis in res dot. factis*, XXV-1.

Si l'on prenait isolément les mots de la loi 5, pr. (*de Impensis...*) : « cæterum, hæc res faciet fundum desinere dotalem esse », il semblerait qu'Ulpien, tout en repoussant l'idée d'une diminution matérielle, admettrait l'idée d'une diminution juridique. Le sens du texte serait alors celui-ci : « quand on dit que les dépenses nécessaires diminuent la dot de plein droit, cela ne doit pas s'entendre d'une diminution matérielle, mais d'une diminution de droit consistant en ce que le fonds cesse d'être dotal au prorata de la dépense faite. » Si telle était l'interprétation à donner au texte, Ulpien serait en contradiction formelle avec Paul dans la loi 56, § 3 (*de Jure dotium*), et ce qu'il y aurait de bizarre, c'est qu'Ulpien contredirait Paul tout en arrivant à la même conclusion pratique que lui : le mari restera en possession de tout ou partie de la chose dotale, mais seulement jusqu'à ce que la femme lui rembourse ses impenses. Nous allons même plus loin ; Ulpien serait en contradiction avec lui-même, s'il voulait dire qu'il y a eu diminution juridique de la dot. Si la chose cessait d'être dotale pour partie, Ulpien ne nous dirait pas que le mari en restera nanti seulement, « donec ei satisfiat ». En effet, puisque le fonds aurait cessé d'être dotal au moins pour partie, le mari aurait sur cette fraction du fonds, non pas un simple droit de retention provisoire, *quasi pignus,* mais un véritable droit de propriété. Le jurisconsulte n'ajouterait pas non plus : « Non enim ipso jure corporum, sed dotis fit deminutio », car il y aurait ici non pas une diminution de la dot elle-même considérée comme abstraction, mais bien une diminution individuelle, juridique si l'on veut, mais enfin une diminution individuelle des objets dotaux.

Mais alors comment expliquer cette phrase « cæterum hæc res faciet... » ? Généralement les auteurs allemands mettent « faceret » au lieu de « faciet ». Ulpien voudrait alors dire ceci : « On dit que les dépenses nécessaires diminuent la dot de plein droit. Cela ne signifie pas que les objets dotaux considérés individuellement subissent une diminution qui consisterait en ce que la chose cesserait d'être dotale au prorata de la dépense faite ; cela signifie seulement que le mari retiendra la chose jusqu'à ce que la femme l'ait remboursé ; en effet, la diminution porte non point sur les choses dotales considérées individuellement, mais sur la dot elle-même. »

On voit qu'en remplaçant *faciet* par *faceret*, l'explication du texte est singulièrement facilitée, mais on a aussi interprété le passage d'Ulpien sans opérer cette substitution de mots. Voici quelle est cette autre explication : Paul, dans la loi 56, § ult. (*de Jure dotium*), nous dit que le fonds ne cesse pas d'être dotal au prorata des impenses nécessaires qu'on y aura faites ; c'est que Paul

envisage surtout la question au point de vue de l'inaliénabilité du
fonds. Le restant du texte semble, en effet, prouver que cette pensée a préoccupé Paul. Le jurisconsulte veut dire que, le fonds restant dotal, le mari, après avoir fait les dépenses nécessaires, ne
pourra l'aliéner pour partie. Ulpien, au contraire, se place plutôt
au point de vue de la restitution, et c'est alors qu'il nous dit que
la dépense nécessaire fera sortir de la dot une partie du fonds. En
effet, si la chose restait dotale, elle devrait être comprise dans
la restitution ; aussi, pour que le mari puisse la retenir jusqu'à
parfait paiement, il faut qu'elle perde, au moins provisoirement,
sa qualité dotale ; mais au point de vue de la question d'inaliénabilité, Paul et Ulpien sont parfaitement d'accord. Ce qui prouve
que, dans l'esprit de ce dernier jurisconsulte, la chose reste dotale
à un tout autre point de vue que celui de la restitution ; ce qui
démontre que la chose est restée dans la dot, c'est que la femme
pourra la reprendre en payant la somme due au mari. Cette explication, ingénieuse du reste, met d'accord les deux textes d'Ulpien
et de Paul. En tout cas, il est certain qu'au point de vue pratique
la doctrine des deux jurisconsultes est identique : le droit du mari
à une retenue s'analyse en un *Jus retentionis*. Ce *Jus retentionis*
portera sur le fonds conservé par les dépenses nécessaires, s'il
existe encore ; il portera, au contraire, sur tout autre corps dotal,
si la chose conservée par les dépenses a péri par suite d'un événement fortuit.

Pendant le mariage, le fonds n'ayant pas cessé d'être dotal,
le mari ne pourra l'aliéner ; le fonds restera ce qu'il était, mais la
femme sera débitrice du mari pour une somme égale au montant
des dépenses nécessaires. Si la femme solde son mari pendant
le mariage, elle évitera le *Jus retentionis.*

Mais pourquoi le mari n'a-t-il qu'un simple droit de retention ?
Pourquoi le fonds ne cesse-t-il pas d'être dotal proportionnellement aux dépenses nécessaires effectuées ? Voici la raison qu'en
donne Ulpien : « Etenim absurdum est deminutionem corporis fieri
propter pecuniam. »

Sans doute, les Romains avaient considéré qu'entre la dette de
corps certains du mari et la dette de somme d'argent de la femme,
la loi ne pouvait pas établir une compensation nécessaire, forcée.

Si, à la dissolution du mariage, le mari pouvait dire à la femme
« je retiens 1/2, 1/4 de la maison, du fonds, pour me payer des
dépenses nécessaires que j'y ai faites », il se libèrerait de sa dette
de restitution en payant autre chose que ce qui serait dû. En effet,
le mari donnerait ainsi en payement à sa femme la créance de
somme d'argent qu'il aurait contre elle, au lieu de lui donner les
objets dotaux. Or, cela serait contraire aux règles du payement qui
veulent que le débiteur ne puisse se libérer envers son créancier
qu'en payant la somme due. Pour être d'accord avec les principes généraux du Droit, il fallait décider comme on l'a fait, que lors-
-que la dot consisterait en corps certains, le mari devrait restituer
toute la dot à sa femme, sauf à exiger d'elle le payement des dépenses et à garder pour sa sécurité, à titre de gage, une quantité
suffisante d'objets dotaux.

Tout ce que nous venons de dire s'applique lorsque la dot consiste en *corpora*. Mais il est des cas où la maxime « impensæ necessariæ dotem ipso jure minuunt » s'applique forcément à la
lettre, des cas où, forcément, le mari rendra moins qu'il n'a reçu.
Ces hypothèses sont prévues par Ulpien dans la suite de notre
loi 5 (*de Impensis*). Ce sera d'abord lorsque la dot consistera e.1
argent. Dans ce cas, dit le jurisconsulte, les principes de la raison
et du droit (*ratio*) conduisent forcément à admettre une véritable
diminution *ipso jure*. Il arrivera assez rarement que le mari sera
obligé de faire des dépenses nécessaires pour conserver une dot
en argent; aussi peut-être Ulpien par le mot « pecunia » vise-t-il
non seulement une dot d'argent comptant, mais encore une dot
consistant en créances. Quand la dot est constituée en créances,
c'est, à vrai dire, une dot en argent; car d'abord, ces créances
représentent de l'argent, ensuite, si le mari fait rentrer ces créances, comme il en a le droit, et même l'obligation, il sera désormais débiteur envers sa femme d'une somme d'argent. Dans ce
cas, si le mari fait des dépenses nécessaires, s'il dépense une certaine somme pour opérer le recouvrement d'une créance dotale
dont le débiteur menace d'être insolvable, il deviendra comptable
de la somme par lui recouvrée; mais cette somme sera diminuée
ipso jure de celle qu'il aura lui-même dépensée. Il n'y aura plus
ici au profit du mari un simple droit de rétention « donec ei satis-

fiat », il y aura, par la force même des choses, une véritable compensation qui s'opèrera. Le mari sera débiteur d'une somme d'argent, la femme sera, elle aussi, débitrice d'une somme; si elle recevait d'une main toute sa dot, elle serait obligée de l'autre d'en rendre une partie à son mari; il vaut mieux qu'elle ne reçoive pas sa dot tout entière.

Ce qui prouve que c'est bien là l'ordre d'idées qui a guidé Ulpien; ce qui démontre que si la diminution, dans notre cas, a lieu *ipso jure*, c'est parce que la compensation est possible, c'est que, dans l'hypothèse où la dot consiste en choses estimées, Ulpien décide encore que la diminution aura lieu *ipso jure*. Ici, comme dans le cas précédent, le mari doit de l'argent à sa femme qui lui en doit en retour, la compensation pourra s'établir sans blesser aucunement l'équité et les principes généraux du droit.

Puisque nous en sommes à parler des impenses nécessaires lorsque la dot consiste en choses estimées, nous voulons faire une remarque qui trouve ici sa place toute naturelle. Si le mari fait une dépense pour empêcher une des choses à lui données en dot de périr matériellement, il n'aura pas le droit de se faire rembourser par sa femme la dépense qu'il aurait faite. Ainsi, un tremblement de terre lézarde une maison qu'il a reçue en dot avec estimation, et menace de la renverser entièrement. Le mari, pour éviter cette ruine, consolide le bâtiment à grands frais; aura-t-il le droit de déduire le montant de la dépense, de la somme qu'il rendra à sa femme à la dissolution du mariage? Non, parce que pour la femme cette dépense n'a rien conservé. En effet c'eût été pour le mari, et non pour la femme, que la maison eût péri. Le mari ne pourra se faire rembourser ses dépenses que lorsqu'elles auront conservé la dot; or, ici, la dot c'est de l'argent. Voici un exemple où le droit de retenue du mari s'exercera. Une femme apporte à son mari une maison avec estimation. Après le mariage, un tiers vient revendiquer la maison, en disant au mari : « cette maison m'appartient, la femme n'a donc pas pu vous l'apporter en dot. » Le mari résiste, un procès s'engage. Le mari triomphe; seulement, le tiers étant insolvable, il ne peut pas se faire rembourser les frais qu'il a faits pour se défendre. Nous pensons que cette perte des frais devra être supportée par la femme et non par le mari, parce que cette dépense a conservé à la femme sa dot, c'est-à-dire la créance de la femme contre son mari. En effet, si le tiers était venu prouver que réellement il était propriétaire de l'immeuble apporté en dot par la femme, celle-ci n'eût pas pu, à la dissolution du mariage, en réclamer le montant à son mari ; en même temps que le mari aurait perdu son procès, la femme aurait perdu sa créance de restitution ; or, les frais faits par le mari ont conservé cette créance en empêchant le tiers de triompher, la femme sera donc obligée d'en tenir compte à son mari. Nous avons pensé que c'était ici le lieu de faire cette remarque importante, et qui se rattache d'ailleurs à la matière que nous traitons en ce moment.

Si la dot consiste partie en argent, partie en *corpora*, et que des dépenses aient été faites même pour la conservation des *corpora dotalia*, ces dépenses s'imputeront d'abord sur l'argent qui sera diminué *ipso jure*. Si l'argent est insuffisant, la diminution portera sur les *corpora*, mais alors la diminution n'aura plus lieu à proprement parler *ipso jure*, le mari n'aura que le droit de rétention jusqu'à parfait payement. En d'autres termes, on applique les règles que nous avons exposées pour les cas où la dot est exclusivement pécuniaire ou exclusivement corporelle. (L. 56, § ult. *in medio*. D., *de Jure dotium*, XXIII-3, où Paul rapporte l'opinion de Nerva.)

Nous avons dit que dans le cas où la dot consiste en *corpora*, si la femme paye la dépense, il y a tout bonnement de sa part un remboursement de dette qui lui épargnera, à la dissolution du mariage. le droit de rétention du mari. Mais lorsque la dot ne consiste plus en choses corporelles, lorsque la maxime « impensæ necessariæ... » s'applique dans le vrai sens du terme, que se produira-t-il si la femme, pendant le mariage, rembourse à son mari les dépenses nécessaires qu'il a faites pour conserver la dot ? Paul, dans la loi 56 (*de Jure dotium*) précitée, se pose la question, mais il ne la résout pas, parce que, semble-t-il, la solution n'a pas d'intérêt ; Ulpien la tranche, au contraire, dans la loi 5 (*de Impensis...*). « Sed (dit-il), si impensis necessariis mulier satisfecerit, utrum dos crescat, an vero dicimus, ex integro videri dotem ? Et ego ubi pecunia est, non dubito dotem videri crevisse. » Si la femme paye les dépenses, se demande le jurisconsulte, la dot sera-t-elle censée rétablie dans son état primitif ? Faudra-t-il dire, au contraire, qu'il

y a augmentation de la dot, c'est-à-dire qu'une seconde dot, égale
à la somme remboursée, viendra prendre place à côté de l'ancienne qui restera toujours diminuée par les dépenses faites (1) ?
Ulpien est d'avis qu'une nouvelle dot vient s'ajouter à la première ; et cette solution, contrairement à l'avis, au moins implicite,
de Paul, n'est pas sans importance. En effet, si par le remboursement la dot est reconstituée dans son état primitif, la somme
remboursée sera forcément soumise aux pactes dotaux intervenus
au début entre les parties. De plus, si la dot est profectice, alors
même que le remboursement serait effectué par la femme après
émancipation, si la femme prédécède à son père, la somme par
elle payée suivra le sort de la dot.

Au contraire, s'il y a dans la somme remboursée une nouvelle
dot, nous aboutissons à des solutions tout à fait opposées. Cette
deuxième dot n'est pas soumise aux pactes faits pour la première.
En outre, si la première dot est profectice et que le remboursement soit fait par la femme après son émancipation, la somme
remboursée n'est pas traitée comme profectice ; en cas de prédécès de la femme, elle reste aux mains du mari.

Si nous voulons résumer ces explications, peut-être un peu
longues, nous dirons que lorsque le mari est débiteur d'une somme
d'argent la diminution *ipso jure* se produit, par la force même
des choses, dans toute l'acception du mot ; — qu'au contraire,
lorsque le mari est débiteur de choses corporelles, les objets
dotaux ne subissent point de diminution ; le mari a tout simplement un droit de rétention qui cessera le jour où la femme lui
remboursera ses dépenses.

Mais n'existe-t-il pas une hypothèse où, bien que la dot consiste
en objets corporels, il y aura diminution véritable de la dot elle-
même ? La question est grave, car si cela est, le mari, à la dissolution du mariage, pourra retenir le fonds ou la maison, non pas
seulement « donec ei satisfiat », mais d'une façon définitive, puisque la chose aura cessé de faire partie de la dot pour devenir la

______

(1) C'est ainsi que les *Basiliques* interprètent l'expression « utrum crescat
dos », et il n'est pas douteux que tel est le sens de ces mots. Voici comment
s'exprime (colonne latine) Scholie, Q (5) sur le § LII, liv. XXIX, tit. I, page
393 de l'édition Heimbach : « Non renovari dotem prius datam : sed augeri, hoc
est novam dotem nasci vel dari videri, ut ait Ulpianus, lib. 25, tit I. Dig. 5. »

propriété du mari qui la gardera en payement de ses impenses.

Le problème que nous formulons s'est posé sous un texte célèbre de Paul : la loi 56, § ult. au D., liv. XXIII-3, *de Jure dotium*.
Dans ce fragment, le jurisconsulte, après avoir énoncé la maxime
« impensæ necessariæ dotem ipso jure minuunt », nous dit que
lorsque la dot se compose de choses corporelles, il ne faut pas
entendre cette maxime en ce sens que la chose sur laquelle la
dépense a été faite cesse d'être dotale proportionnellement à la
dépense effectuée. Cependant, continue-t-il, dans le cas où il a été
dépensé « per partes », successivement, une somme égale ou
supérieure à la valeur du fonds, Scævola pensait que le
fonds cesse d'être dotal. Scævola admettait donc, dans notre
hypothèse, qu'il y avait diminution véritable de la dot.
Paul n'accepte pas cette décision. Et en effet, puisqu'il est d'avis
que dans le cas de dot corporelle, lorsque les dépenses sont infé-
rieures à la valeur de la chose, cette dernière ne cesse pas d'être
dotale pour partie, il devait logiquement décider que la chose reste
également dotale quand le total des dépenses nécessaires en
atteint ou en dépasse la valeur. Peut-être si Scævola s'était
écarté de cette solution logique, c'est par une considération de
fait. Lorsque les dépenses atteindront ou dépasseront le montant
de la chose, si la femme, à la dissolution du mariage, veut la
reprendre des mains de son mari, elle devra en payer la valeur ou
plus que la valeur, elle devra la racheter. Mais y consentira-t-elle ?
Probablement non. Scævola pense alors qu'il est plus juste d'attribuer cette chose au mari en payement de ses impenses et de décider, par conséquent, qu'elle perd sa qualité dotale.

Quoi qu'il en soit, Paul n'accepte pas la décision de son maître,
et pour la repousser il en montre les inconvénients. Si la chose,
objet des dépenses nécessaires, admettons que ce soit un fonds,
cesse d'être dotale, elle pourra être aliénée ; mais si la femme
rembourse pendant le mariage, admettrez-vous que la dot est
rétablie dans son état primitif, ou bien direz-vous que la somme
remboursée constitue une nouvelle dot ? Si vous dites que le fonds
redevient dotal, vous léserez les droits des tiers acquéreurs du
fonds ; — si vous respectez les droits de l'acquéreur, vous violerez
les intérêts de la femme. En effet, tandis que cette dernière avait

une dot en immeubles, lui offrant toute sécurité, vous ne lui reconnaîtrez plus qu'une dot mobilière entièrement laissée à la merci du mari. Voilà le résultat auquel l'on est forcément conduit si on accepte l'opinion de Scævola. Le seul moyen de l'éviter (cela est sous-entendu dans le texte de Paul), c'est de dire que le fonds ne cesse pas d'être dotal et que, dès lors, il ne peut être aliéné. Dans ce cas, si la femme rembourse à son mari les impenses par lui faites, il n'y a pas constitution d'une nouvelle dot, mais payement pur et simple d'une dette (1).

Comme on peut le voir par les explications qui précèdent, nous n'avons tenu aucun compte, pour formuler l'opinion de Paul et celle de Scævola, de deux membres de phrase du texte : « nisi mulier sponte marito intra annum impensas obtulerit » ; et plus loin, « et magis est, ut ager in causam dotis revertatur, sed in-

---

(1) D'après le texte que nous venons de commenter, le fonds cesse d'être dotal, dans l'opinion de Scævola, lorsque les dépenses nécessaires qui en égalent la valeur ont été faites « per partes ». Nous pensons que, dans l'esprit du même jurisconsulte, si la somme était dépensée non point « per partes », successivement, mais en une seule fois, le fonds ne cesserait pas d'être dotal. En effet, quels sont les caractères des dépenses nécessaires ? 1° Elles ont pour but de conserver à la femme sa dot. Or, ici la dépense conserverait-elle à la femme sa dot ? Non, puisque, par le fait même de la dépense, le fonds serait perdu pour la femme. Le mari serait même blâmable de faire une pareille dépense qui aurait pour but de dépouiller la femme de son bien. C'est ce que font très justement remarquer les *Basiliques* (XXIX, 1, 52 ; Scholie, 0, 4, tome III, page 392 de l'édition d'Heimbach) ; — 2° Les dépenses nécessaires sont celles que le mari est tenu de faire à peine de dommages-intérêts. Or, ici la femme pourrait-elle faire un reproche au mari de n'avoir pas fait la dépense ? Non, car si le mari l'avait faite, le fonds aurait cessé d'être dotal et par conséquent d'appartenir à la femme. Comment celle-ci pourrait-elle se plaindre de n'avoir pas été dépouillée ?

Nous le répétons ; il nous semble bien que dans l'opinion de Scævola, si la dépense était faite en une seule fois, le fonds ne perdrait pas sa qualité dotale, de sorte que c'est avec intention que le texte suppose une dépense faite « *per partes* ». La femme, dans l'hypothèse contraire à celle du texte, reprendrait son fonds et la dépense ne serait pas traitée comme nécessaire. Nous pensons qu'elle serait regardée simplement comme dépense utile.

Au contraire, quand les dépenses ont été effectuées « per partes », successivement, le mari n'est en rien blâmable de les avoir faites, alors même qu'elles dépassent la valeur du fonds. L'immeuble dotal valait par exemple, 10.000, les dépenses ont été faites, 20.000, par 20.000. Elles se justifient d'elles-mêmes ; elles sont d'un bon administrateur, même la dernière dont le montant a comblé la mesure, en faisant arriver le total à une somme égale ou même supérieure au fonds conservé. Sans cette dernière dépense, en effet, l'utilité des autres aurait été entièrement perdue ; le mari a donc eu raison de la faire. C'est pour cela que Scævola lui accorde le droit de garder le fonds, en quelque sorte, à titre de dation en payement, pour les dépenses par lui faites.

terim alienatio fundi inhibeatur ». Si nous avons négligé ces deux
incises, c'est qu'elles nous paraissent, comme à M. Pellat (*Textes
sur la dot*, p. 265 et suiv.), avoir été insérées dans notre fragment
par les compilateurs des *Pandectes*.

Si nous prenions le texte tel qu'il est écrit, voici quelle en serait la signification : « D'après Scævola, lorsque le mari a fait
« per partes » des dépenses nécessaires qui atteignent la valeur
du fonds, celui-ci cesse d'être dotal immédiatement; mais si la
femme rembourse dans l'année les dépenses faites, alors le fonds
reprend sa qualité dotale. (Après l'année écoulée, la femme ne
pourrait plus rembourser utilement les dépenses) (1). Si le fonds
cesse d'être dotal, il peut être aliéné. Supposons qu'il le soit, en
effet, et qu'ensuite la femme rembourse son mari, direz-vous que
le fonds redevient dotal, ou bien qu'il y a une nouvelle dot, égale
au montant des impenses remboursées ? Quelle que soit la solution qu'on adopte, le résultat est dangereux. Si le fonds redevient dotal, les tiers sont évincés; si le fonds est laissé aux tiers,
c'est la femme qui souffre. Paul trouve alors un moyen de tout
concilier. Il admet que le fonds cesse d'être dotal et que, par le
payement des dépenses effectuées dans l'année, il recouvre sa
qualité ; seulement, dans l'intérêt des tiers, il veut que pendant
l'année le fonds ne puisse être aliéné. »

Paul ne critiquerait donc pas l'opinion de son maître Scævola,
en tant que celui-ci admet que le fonds cesse d'être dotal ; seulement, pour obvier à l'inconvénient que présenterait cette solution si
le fonds venait à être aliéné, il déclare cette aliénation impossible,
pendant le délai donné à la femme pour se libérer. (Glück, *Pandectes*, t. 27, pp. 44 ss.)

Ainsi que nous l'avons déjà dit, nous pensons que telle n'est
point l'opinion de Scævola, ni celle de Paul, son disciple. D'abord,
ainsi que le fait remarquer Cujas (*Obs.* XXIII-12, tome III, p.
623), comment un jurisconsulte, chargé d'interpréter la loi et non
de la faire, pourrait-il fixer un délai à la femme pour rembourser
et rendre au fonds sa qualité dotale ? Il est plus juste de penser

----

(1) Nous verrons plus loin que c'est là le sens le plus probable de l'incise
« nisi mulier sponte........ ».

que cette détermination d'un délai emportant déchéance émane de Tribonien plutôt que de Scævola.

D'ailleurs, supposons qu'en effet Scævola eût dit formellement que si la femme rembourse « intra annum », le fonds redeviendra dotal. Comment Paul, après une affirmation aussi nette, pourrait-il se demander ce qui arrivera si la femme paye son mari? N'est-il pas vrai que, puisque le fond redeviendra dotal, la dot sera reconstituée *ex integro* ? La question « utrum dos crescat... » ne se comprend guère, à notre avis.

Dira-t-on que cette question ne s'applique qu'au cas où le fonds a été aliéné ? La façon générale dont est conçue la phrase « utrum dos crescat... » semble bien prouver le contraire. Si Paul nous parle ensuite de l'hypothèse où il y a eu aliénation du fonds, ce n'est que parce que l'on arrivera toujours à un résultat injuste, quelle que soit la réponse que l'on fasse à sa question. D'ailleurs, si on admet que le fonds redevient dotal quand il n'a pas été vendu, on doit logiquement, au risque de léser les tiers, accepter le même résultat quand il a été aliéné. Les tiers ont acheté le fond comme le mari le possédait, c'est-à-dire susceptible de redevenir dotal pendant l'année.

Comme on le voit, il semble bien que Scævola ne fixait aucun délai pour le remboursement de la femme et que l'incise « nisi mulier..., » est due à Tribonien et à ses collègues. Si on adopte notre façon de voir, on comprend très bien que Paul se pose la question que Scævola n'avait point prévue, et qui a surtout de l'intérêt dans le cas où le fonds a été aliéné par le mari : « Qu'arrivera-t-il si la femme rembourse les impenses nécessaires faites sur son bien ? »

Nous avons dit aussi que le membre de phrase « et magis est ut ager in causam dotis revertatur, sed interim alienatio fundi inhibeatur » nous paraît être également le résultat d'une interpolation. Paul vient de nous montrer que si on déclare, avec Scævola, que le fonds cesse d'être dotal, on arrive à léser ou la femme ou les tiers acquéreurs ; c'est donc que, dans sa pensée, le fonds doit garder sa qualité dotale et que la femme devient seulement débitrice envers son mari d'une somme égale aux dépenses effectuées. Comment admettre que Paul, après avoir ainsi critiqué

l'opinion de Scævola, puisse s'y rallier en y ajoutant un tempérament quelque peu bizarre, puisque le fonds jouira de l'inaliénabilité quoique n'étant plus dotal ?

Ce qui vient encore confirmer l'accusation d'interpolation que
nous dirigeons contre le texte, c'est le mot *ager* qui se trouve dans
la dernière phrase, alors que le texte dit toujours *fundus*. Le mot
« ager » correspond au mot αγρο; par lequel les Grecs, et notamment les rédacteurs des *Basiliques*, rendent toujours le mot « fundus ». *Ager*, c'est un fonds non bâti ; *fundus*, un fonds bâti ou
non. Le mot *ager* de notre phrase indique donc bien qu'elle a été
écrite à Constantinople. (*V.* Pellat, *Textes sur la dot, loc. cit.*)

Notre loi 56, § ult. (*de Jure dotium*), telle qu'elle est libellée,
indique donc le droit de Justinien. Nous pouvons dire dès lors
que, sous ce prince, dès que le montant de la dépense égale
la valeur du fonds, ce fonds cesse d'être dotal, il devient la
propriété du mari qui le reçoit de la loi même, en payement de
ses dépenses. La loi présume que la femme ne se souciera pas
de racheter, pour ainsi dire, le fonds au mari en lui rembour-
sant ce qu'il a dépensé. Seulement, la femme peut montrer
qu'elle répudie cette présomption et qu'elle tient au contraire à
son fonds. Elle devra alors, dans l'année, offrir à son mari
le remboursement de ses impenses. Puisque le mari devient
propriétaire du fonds dès qu'il cesse d'être dotal, logiquement, il
faudrait décider qu'il peut l'aliéner; mais alors si la femme rem-
boursait, l'intérêt des tiers serait lésé. Pour empêcher ce résultat, on décide que le fonds ne pourra être aliéné tant que l'année
ne sera point passée. Mais une fois ce délai écoulé, le mari pourra
vendre et les tiers pourront acheter en toute sécurité. En effet, dès
ce moment, la femme ne peut plus rembourser les dépenses à son
mari. Si ce dernier n'aliène pas le fonds et que le mariage vienne
à se dissoudre après l'année, le mari gardera le bien, non point
« quasi jure pignoris », mais définitivement.

Voilà quel est, à notre avis, l'expression du Droit de Justinien.
Suivant Cujas, la signification de notre loi 56 serait tout autre. Ce
jurisconsulte prétend que le fonds cesse d'être dotal, non point
dès que les dépenses égaleront la valeur du fonds, mais seulement après l'année, si la femme n'a pas, avant ce délai, remboursé

les dépenses à son mari. Mais bien que l'année soit passée, la femme pourra toujours, jusqu'à la restitution de la dot, en se libérant envers son conjoint, rendre à son fonds son ancienne qualité. Aussi, pour éviter que ce remboursement soit préjudiciable aux tiers qui auraient pu acquérir l'immeuble, on décide que celui-ci restera inaliénable, tant que le remboursement pourra être effectué.

Cette idée de Cujas ne nous paraît pas reproduire le sens véritable du texte. De la comparaison des deux incises « nisi mulier » et « et magis est... », il semble bien résulter que le fonds ne redeviendra dotal qui si la femme rembourse dans l'année. A quoi se rapporterait le mot « interim » du second membre de phrase, s'il ne se référait au délai d'un an fixé par le premier ?

En résumé, dans le droit classique, quand les dépenses nécessaires faites « per partes » égalent le montant du fonds dotal, les jurisconsultes sont en désaccord sur le point de savoir si le fonds cesse ou non de faire partie de la dot ; sous Justinien, au contraire, le fonds, cela est certain, perd sa qualité le jour où les impenses en atteignent la valeur.

2° Impenses utiles.

A l'époque classique, le mari a le droit d'opérer une *retentio* pour ses impenses utiles. Mais il semble bien résulter de la loi 18 au Digeste, *de Fundo dotali*, XXIII-5, que ce pouvoir ne lui était pas encore reconnu vers la fin de la République ou le commencement de l'Empire (1). Il est fort probable que si on refusait au mari le droit de réclamer, ou plutôt de retenir ses impenses utiles, c'est qu'après tout, rien ne l'obligeant à les faire, il était présumé les avoir faites dans le but d'augmenter ses revenus, tout en rendant la dot plus productive. Mais on consacrait alors une injustice et une fraude à la loi : une injustice, puisque la femme s'enrichissait aux dépens de son mari ; une fraude à la loi, car on permettait ainsi au mari de faire à sa femme une donation égale au montant des impenses. (L. 11, § Ier, D., *de Impensis*, XXV-1).

La retenue pour les impenses utiles s'exercera comme la rete-

(1) Schupfer, *La Famiglia secondo il diritto Romano*, tome Ier, p. 346.

nue pour les impenses nécessaires. Le juge de l'action « Rei uxoriæ », devant juger *ex bona fide*, pourra, sur l'observation du mari, l'autoriser à ne rendre la dot que lorsque les impenses lui auront été remboursées ; ou si la dot consiste, pour le tout ou pour partie, en une somme d'argent, il ne devra le condamner à restituer qu'une somme égale à la valeur de la dot, diminuée du montant des impenses.

Le mari qui a fait les dépenses utiles avec le consentement de sa femme peut en exiger le montant intégral. C'est ce qui paraît découler de la loi 8 D. *de Impensis in res dotales factis* (XXV·1).

Si le mari a fait les dépenses de son propre gré, il se trouve dans une situation à peu près analogue à celle d'un possesseur de bonne foi qui aurait fait des améliorations sur la chose d'autrui. C'est le cas de dire avec la loi 38, D. VI-1, *de Rei vindicatione* : « bonus judex varie ex personis causisque constituet. »

Si la femme est riche, si, en dehors de la chose sur laquelle les dépenses utiles ont été faites, elle possède des ressources suffisantes pour désintéresser son mari (1), elle sera condamnée à payer, à son choix, l'intégralité de la dépense ou le montant total de la plus-value (2). Si elle refuse, le mari pourra retenir la chose dotale en totalité ou en partie, à titre de garantie, « donec ei satisfiat ».

Si la femme ne possède absolument que la chose qui a fait l'objet des améliorations, ou si, en dehors, elle n'a que des ressources insuffisantes pour payer son mari, va-t-elle se voir obligée de vendre cette chose pour se libérer, ou va-t-elle en être indéfiniment privée par le droit de rétention du mari? Ce serait injuste (3). Le juge permettra alors au mari d'enlever les objets par lui placés sur la chose dotale, pourvu, bien entendu, qu'ils puissent en être détachés (4). S'il s'agit, par exemple, d'une maison construite sur le fonds de la femme, le mari enlèvera ses matériaux et rendra le sol dans son état primitif. On concilie ainsi l'intérêt de la femme et celui du mari. La première n'a pas à vendre son fonds pour

(1) L. 8, D., XXV-1, *de Impensis in res dotales factis*.
(2) L. 38, D., *de Rei vindicatione* (VI-1).
(3) L. 79, D., *de Verborum significatione* (L. 16).
(4) L. 27, § 5, D., *de Rei vindicatione* (VI-1).

payer des améliorations qu'elle n'avait pas commandées, mais en revanche elle ne s'enrichira pas aux dépens de son mari en gardant les constructions par lui faites.

S'il s'agissait, au contraire, d'un esclave que le mari eût fait instruire, le principe tracé par Paul, dans la loi 8 précitée, s'appliquerait dans tout ce qu'il a de rigoureux. Il n'est pas possible d'enlever à l'esclave l'instruction qu'il a reçue. Le mari perdrait toute sa dépense si la femme ne possédait que cet esclave, et il en perdrait une partie si, en dehors de cet esclave, la femme n'avait que des ressources insuffisantes pour en payer la totalité.

Pour que le droit d'enlèvement soit donné au mari, il faut d'abord que cet enlèvement soit possible sans détérioration de la chose dotale. Il faut ensuite qu'il puisse procurer un avantage au mari. Si le *Jus tollendi* ne doit lui donner aucun profit, on ne le lui permet pas. Cela se comprend : le mari perdrait ses dépenses s'il voulait enlever ce qu'il a placé sur le fonds, autant vaut qu'il le laisse à la femme et qu'elle en profite. Ainsi, on ne permettrait pas au mari qui aurait fait des peintures dans une maison de sa femme destinée à être vendue, de les gratter par dépit de ce qu'il ne pourrait les enlever sans les abîmer « malitiis non est indulgendum (1) ».

Même dans le cas où l'enlèvement sera matériellement possible, le mari n'aura pas toujours le droit de l'effectuer. Si la femme n'a pas des ressources suffisantes pour payer l'intégralité des dépenses ou le montant de la plus-value, elle pourra s'opposer au *Jus tollendi* en payant au mari une somme égale à la valeur qu'auraient les objets après leur enlèvement (2).

Toutes les explications qui précèdent, nous les avons puisées dans les textes relatifs à la dot, ou déduites par analogie des principes qui régissent la situation du possesseur de bonne foi. Les textes sur la dot sont un peu hésitants ; on pourra s'en convaincre si l'on veut bien s'y référer. Au temps même de Paul, la jurisprudence n'était pas encore bien établie. C'est là une preuve nou-

---

(1) L. 38, Digeste, *de Rei vindicatione* (VI-1) ; — et *Basiliques*, liv. XV, tit. I, § xxxviii.

(2) L. 38, Dig., *de Rei vindicatione* (VI, 1) ; — et *Basiliques*, liv. XV, titre I, § xxxviii.

velle du fait que nous avancions tout à l'heure, l'origine relativement peu ancienne de la *Retentio propter impensas utiles*.

Avant de quitter cette matière, nous devons faire une observa-
tions : nous avons vu plus haut que le mari pouvait réclamer les
dépenses nécessaires, alors même que la chose avait péri par un
événement postérieur à la dépense. Nous pensons qu'en matière
de dépenses utiles il en était de même, si la dépense avait été
commandée par la femme. Mais les considérations qui avaient fait
admettre la *Retentio propter impensas utiles* nous amènent à une
tout autre solution, dans le cas où la dépense avait eu lieu sans
le consentement de la femme. Dans ce cas, croyons-nous, le mari
ne pouvait réclamer la dépense et exercer son droit de retenue que
si, au moment de la dissolution du mariage, le profit n'en était
point perdu.

Ceci nous amène à une dernière remarque. Si on compare les
explications que nous avons données sur les dépenses nécessaires et sur les dépenses utiles, on est frappé de la différence qui
sépare ces deux genres de dépenses. Les impenses nécessaires
sont dues au mari par cela seul qu'elles ont été faites ; les dépenses
utiles ne le sont que si l'utilité en subsiste à la dissolution du
mariage. Encore faut-il que la femme ait des ressources suffisantes pour les payer, ou qu'à défaut le *Jus tollendi* puisse être
exercé. Tandis que le mari est toujours certain que les impenses
nécessaires lui seront remboursées, il n'a pas la même certitude
pour les impenses utiles. C'est peut-être là l'idée que les Romains
ont voulu exprimer en disant « impensæ necessariæ dotem ipso
jure minuunt » ; et en ajoutant aussitôt « utiles non quidem minuunt ipso jure dotem ». (L. 7, § 1ᵉʳ, XXV-1, *de Impensis...*) On
pourrait traduire ainsi : les dépenses nécessaires opèrent définitivement la diminution de la dot, les dépenses utiles ne l'opèrent
que si, à la dissolution du mariage, on se trouve dans certaines
conditions de fait déterminées.

3° Impenses voluptuaires.

Il est probable que, dans l'origine, les dépenses voluptuaires
furent complètement perdues pour le mari et qu'il n'eut pas même

le droit d'enlever ce qu'il avait placé sur le fonds dotal. On devait considérer que le mari avait fait ces dépenses pour son propre agrément, et qu'il en était suffisamment payé par le plaisir qu'elles lui avaient procuré. D'ailleurs, comme ces impenses n'apportaient au fonds aucune plus-value, la femme, en le reprenant entier et sans avoir rien à donner en retour, ne s'enrichissait pas aux dépens de son mari.

Nous pensons que ce fut là l'expression du Droit dès l'origine. Mais on y dérogea, croyons-nous, pour satisfaire à l'équité et pour empêcher les donations entre époux déguisées. Le principe fut toujours celui-ci : le mari qui a fait sur la chose dotale des dépenses voluptuaires ne peut en réclamer le montant à sa femme, alors même qu'elle les aurait autorisées. (L. 11, pr. D. XXV-1, *de Impensis.*) Il doit donc rendre le fonds sans pouvoir le garder même à titre de simple *detentio*. Cependant, si la séparation des ornements, des embellissements que le mari a placés sur la chose dotale est possible sans détériorer le fonds; si les objets une fois enlevés doivent avoir quelque valeur entre les mains du mari, alors on donne à ce dernier le *Jus tollendi*. (*V*. L. 9, D. XXV-1, *de Imp.* — L. un, § 5, C., *de Rei uxoriæ, act.* V-13; — *Basiliques*, L. XXVIII, tit. X, § ix.) Mais la femme peut empêcher l'exercice de ce droit d'enlèvement en payant au mari, dit la loi 9 que nous venons de citer, « ea quæ impensa sunt ». Nous pensons que ces mots visent tout simplement la valeur des objets après qu'ils auront été détachés de la chose dotale. Si la femme déclare vouloir garder les embellissements placés sur son fonds, elle subit la *retentio* « donec marito satisfiat » pour le payement de cette valeur.

Ainsi que nous l'avons dit plus haut, si les embellissements ont été faits sur une chose dotale destinée à être vendue, alors les dépenses voluptuaires deviennent dépenses utiles jusqu'à concurrence de l'augmentation qu'elles ont procurée. Il faut, dès lors, appliquer les règles relatives aux dépenses utiles.

§ 2.— SITUATION DU MARI QUI A RENDU LA DOT SANS EXERCER DE
« RETENTIO PROPTER IMPENSAS ».

Lorsque le mari avait fait sur la chose dotale des dépenses nécessaires et qu'il l'avait restituée sans exercer son droit de retenue,
les jurisconsultes se demandaient si on devait lui accorder une
action pour réclamer le montant de ces dépenses. L'opinion qui
prévalut fut celle qui lui donnait une action.

Puisque les dépenses nécessaires diminuent la dot de plein
droit, il est certain que si le mari a rendu toute la dot sans
exercer la *Retentio ob impensas necessarias*, il a rendu plus qu'il
aurait dû rendre, il faut donc lui donner la *Condictio indebiti* (L.
5, § 2, *de Impensis*). Pour avoir droit à cette *condictio*, il devra se
trouver dans la situation voulue pour que cette action puisse naître,
c'est-à-dire avoir payé par erreur croyant devoir. S'il a payé sa-
chant qu'il ne devait pas, il sera censé avoir fait une libéralité, et
comme rien n'empêche les époux de se faire des donations après
le mariage, il n'aura pas l'action.

Lorsqu'il s'agit de dépenses utiles, les textes ne posant plus la
règle de la diminution *ipso jure*, on ne peut pas dire que le mari
a rendu plus qu'il ne devait rendre et lui donner la *Condictio indebiti*. On ne peut pas non plus lui accorder l'action *mandati* ou
l'action *negotiorum gestorum*, car en faisant les dépenses il a
entendu agir pour lui, comme propriétaire. Le mari qui aura restitué la dot sans se faire tenir compte des dépenses utiles sera
donc désarmé, il perdra ce qu'il aura dépensé (1).

Le mari n'aura d'action pour réclamer le montant de ses dépenses utiles, que lorsqu'il s'en sera fait promettre le remboursement par la femme, sur une stipulation expresse intervenue soit
pendant le mariage, soit lors de la restitution. Cette stipulation se
nomme « Stipulatio tribunicia » (Ulpien, VII, § 3). Si elle intervient
au cours du mariage, elle a le grand avantage d'empêcher que
la femme conteste plus tard soit le *quantum* de la dépense, soit
la dépense elle-même. Elle permet aussi au mari d'agir « ex sti-

(1) La loi 7, § 1er, *in fine*, au D. (*de Impensis*), doit avoir été interpolée.

pulatu » pour réclamer le montant de la dépense utile, dans le cas où il omettrait d'opposer la retenue (1). Si elle intervient après la dissolution du mariage, au moment de l'exercice de l'action *Rei uxoriæ*, elle autorise le mari qui, dans l'intérêt de sa femme pressée de recouvrer sa dot, n'exercerait pas la *retentio*, à agir plus tard pour demander le montant des dépenses utiles par lui effectuées.

Cette stipulation fut, sans doute, créée par les tribuns du peuple dans l'intérêt du mari, à l'époque où les dépenses utiles n'admettaient pas encore de *retentio* ; mais elle fut conservée, à cause de l'utilité qu'elle présentait, quand ce genre de dépenses fut doté d'un droit de retenue. Nous pouvons même dire qu'elle s'applique aussi au cas de dépenses nécessaires et au cas de dépenses voluptuaires. Le texte d'Ulpien est en effet conçu en termes très généraux.

D. — Retentio propter res donatas.

La *Retentio propter res donatas* date de l'époque où les donations entre époux furent prohibées. Lorsque le mari avait fait une donation, à sa femme, il avait le droit, au moment du divorce, de retenir sur la dot le montant de ce qu'il avait donné. Mais, bien entendu pour que la *retentio* pût être exercée, il fallait qu'il s'agît d'une donation prohibée. Si l'on se trouvait dans l'un des cas, assez rares d'ailleurs, où la donation était permise (*V.* Ulpien, *Règ.*, VII-1), la *retentio* n'avait pas lieu.

On peut citer comme relatifs à cette *retentio* : le § 9-vi des *Règles* d'Ulpien ; la loi 66, § 1, D., *de Donationibus inter virum et uxorem*, XXIV-1 ; la loi 15, § 1, D., *Soluto matrimonio*, XXIV-3 ; et les fragments du Mont-Sinaï (n° XI).

Si le mari rendait la dot sans exercer la *retentio*, il avait à son service la revendication, et les *Condictiones sine causa* ou *injusta causa*. Ces actions lui étaient données dans la limite du profit que la femme avait retiré de la donation ; il est probable que la *retentio* lui était accordée dans la même mesure.

____

(1) Lorsque la stipulation tribunitienne était intervenue « durante matrimonio », la femme pouvait opposer le bénéfice de compétence sur l'action « ex stipulatu » du mari. La retenue était donc plus avantageuse.

E. — Retentio propter res amotas.

Ainsi que l'indique le nom même de cette cause de retenue, elle est donnée au mari dans le cas où la femme commet contre lui un détournement *Divortii causa*.

Dans le cas où le mari aurait rendu la dot sans opérer la retenue, il pourrait toujours agir par l'action « Rerum amotarum ». Cette action avait été créée par l'Édit Prétorien pour remplacer l'action ordinaire de vol. On ne voulait pas que cette dernière action, qui avait un caractère infamant, pût être exercée par l'un des époux contre l'autre ; la nature même des rapports conjugaux y répugnait.

L'action *Rerum amotarum*, comme la *Retentio*, étaient données au mari dans la mesure du détournement qu'il avait souffert.

II. — Nous venons de nous occuper du cas où la théorie des *retentiones* reçoit son application la plus large, nous voulons parler de l'hypothèse où le mari et la femme sont tous deux parties dans l'action *Rei uxoriæ*. Mais il se peut fort bien que le mariage se dissolve par le divorce et que pourtant les deux époux ne soient plus en présence dans l'action en restitution de la dot. Dans cette hypothèse, la théorie des *retentiones* s'applique encore, mais avec moins d'étendue et de largeur. Il se peut :

1° Que le mari meure après le divorce et que l'action soit exercée par la femme contre les héritiers du mari ;

2° Que la femme décède après le divorce et que l'action soit alors exercée par les héritiers de la femme contre le mari ;

3° Enfin, que le mari et la femme étant morts tous deux après le divorce, l'action soit dirigée par les héritiers de la femme contre ceux du mari.

Dans tous ces cas, les *retentiones* ayant un caractère pécuniaire recevront leur application. Les *Retentiones propter res amotas, propter res donatas, propter impensas*, pourront être exercées par le mari contre les héritiers de la femme, et par les héritiers du mari contre la femme ou contre ses héritiers.

Au contraire, la *Retentio propter mores* sera sans application aucune. Elle ne sera pas donnée au mari contre les héritiers de la femme, parce qu'ils n'ont pas commis de faute ; elle ne sera pas donnée aux héritiers du mari, parce qu'ils n'ont pas été offensés par la faute de la femme (1).

Quant à la *Retentio propter liberos*, elle a, nous le savons, un caractère mixte. Nous pouvons même dire que ce qui domine chez elle c'est son caractère d'indemnité. Nous pensons dès lors, avec M. Accarias (tome II, p. 1055), qu'elle sera donnée au mari contre les héritiers de la femme. Cela se comprend, puisqu'il continue à avoir la charge des enfants. Mais cette retenue ne pourra être opposée par les héritiers du mari à la femme ou à ses héritiers, précisément parce que les héritiers du mari n'ont point l'obligation d'entretenir les enfants qu'il laisse à son décès.

Le *Præjudicium de moribus*, pas plus que la *Retentio propter mores*, ne se donnait aux héritiers du mari ou contre les héritiers de la femme (2).

Cette action, en effet, avait surtout pour but de venger une offense, plutôt que la poursuite d'une indemnité.

II° HYPOTHÈSE

APPLICATION DE LA THÉORIE DES « RETENTIONES » AU CAS OU LE MARIAGE NE S'EST POINT DISSOUS PAR LE DIVORCE

Deux événements autres que le divorce peuvent amener la dissolution du mariage : la mort du mari, ou la mort de la femme. Si le mariage prend fin par la mort du mari, la femme peut toujours exercer l'action *Rei uxoriæ* ; mais si le mariage se dissout par la mort de la femme, il n'y a lieu à cette action que si la dot est profectice, et encore à condition que le père de la femme soit vivant au moment de la dissolution du mariage. Nous allons examiner séparément chacune de ces deux situations.

______

(1) *V.* Accarias, t. II, p. 1055, en note ; — LL, 15, § 1, et 27, *Solut. matrim.*, XXIV-3, au Digeste.

(2) *V. Code Théodosien*, tit. XIII, liv. III, loi 1, *de Dotibus.*

I. — Le mariage se dissout par la mort du mari.

Il ne peut y avoir lieu, dans ce cas, à l'exercice de la *Retentio propter mores*, et cela pour deux raisons : d'abord, parce que le droit d'exercer cette retenue est personnel au mari; ensuite, parce que cette *retentio* suppose que le mariage a été dissous par l'inconduite de la femme. Or, ici, ce n'est pas un divorce, c'est la mort du mari qui a mis fin au mariage.

Quant à la *Retentio propter liberos*, il ne saurait davantage en être question. En effet, les héritiers du mari seront ou ses enfants eux-mêmes, ou des tiers qui n'auront point la charge des enfants (L. 1, § 1, *de Dote præleg.*, XXXIII-4).

En ce qui concerne la *Retentio propter res donatas*, il faut distinguer deux époques : l'époque qui précède et celle qui suit le sénatus-consulte Émilien. Antérieurement au sénatus-consulte, la donation entre époux était nulle si le mari ne l'avait pas expressément confirmée par testament; la *Retentio propter res donatas* pouvait donc être exercée par les héritiers du mari, si ce dernier mourait *in matrimonio*, sans avoir expressément confirmé la donation. Mais le sénatus-consulte Émilien permit, comme on le sait, la confirmation tacite des donations entre époux. Ces libéralités purent donc sortir à effet si le donateur mourait *in matrimonio*, sans avoir changé de volonté. Il résulte de là que, dès le sénatus-consulte, les héritiers du mari ne purent exercer la *Retentio propter res donatas* que si le mari était revenu sur la donation avant de mourir.

La *Retentio propter impensas* et la *Retentio propter res amotas*, étant fondées sur un intérêt pécuniaire, peuvent être exercées par les héritiers du mari décédé *in matrimonio*.

II. — Le mariage se dissout par la mort de la femme.

Il est impossible d'appliquer ici la *Retentio propter mores*, puisque le mariage ne s'est point dissous par le divorce, et que, d'ailleurs, cette retenue contient une *coercitio* qui doit rester personnelle à la femme.

En ce qui concerne la *Retentio propter liberos*, le *paterfami-*

lias sera tenu de la subir. Mais ici cette *retentio*, au lieu d'être de nature mixte, au lieu d'être une peine et une indemnité, n'aura absolument que ce dernier caractère. Le mariage ne s'étant point dissous par le divorce, il ne peut être question d'une faute de la femme. Ulpien, au § 4, titre VI de ses *Règles*, nous dit que, dans ce cas, la retenue sera d'un cinquième « in singulos liberos in infinitum ». Pour Cujas, Ulpien (§ 4, tit. VI), en s'exprimant ainsi, veut dire que le mari garde *pro liberis* un cinquième de la part que chaque enfant aurait dans la dot si elle restait tout entière aux mains du père qui la transmettrait à ses enfants à sa mort. Ainsi, pour un enfant, le père gardera un cinquième ; pour deux, il gardera deux cinquièmes de la moitié, soit deux dixièmes ; pour trois, il retiendra trois cinquièmes du tiers, c'est-à-dire trois quinzièmes..., etc. Nous ne pensons pas que ce soit là l'idée d'Ulpien. En effet, dire que le mari retient pour chaque enfant un cinquième de la part que celui-ci aurait dans la dot s'il la recueillait dans la succession de son père, c'est exprimer en définitive que le mari ne gardera en tout qu'un cinquième de la dot. Or, si le jurisconsulte eût voulu indiquer ce résultat, il eût dit tout simplement, croyons-nous : « Quinta parte in liberos relicta penes virum. »

Pour Pothier, Ulpien veut dire que, pour un enfant, le mari gardera un cinquième de toute la dot ; pour deux, il gardera d'abord un cinquième de toute la dot, puis un cinquième du restant... etc., etc. Sans doute, en opérant ainsi, on pourra pousser l'opération jusqu'à « l'infini » ; mais il est permis de se demander si c'est bien cette opération compliquée que vise la phrase tout à fait simple d'Ulpien : « Quintis in singulos liberos in infinitum relictis penes virum. »

Nous pensons que c'est au système de M. Pellat qu'il faut se rallier. Ce système est si simple qu'il vient tout naturellement à l'esprit. Le mari retiendra autant de cinquièmes qu'il a d'enfants, sans s'arrêter à la moitié de la dot comme cela se fait quand la dot n'est point profectice. Le mari gardera donc toute la dot s'il a cinq enfants ou davantage. Le mot « infinitum » ne signifie pas « infini », mais « illimité », c'est-à-dire *sans limitation légale*, sans autre limite que celle qui résulte de la nature des choses, qui ne permet pas de prendre plus de cinq cinquièmes dans un

entier. Nous croyons qu'Ulpien a voulu par le mot « in infinitum »
marquer la différence qu'il y a entre les deux *Retentiones propter
liberos*, celle qui se donne en cas de dot adventice, et celle qui
s'exerce en cas de dot profectice.

CHAPITRE II

DU CUMUL DES « RETENTIONES »

Cette question du cumul ou du non-cumul des *retentiones* est une des plus discutées de notre matière. Mais nous pensons avec M. Pellat (*Textes sur la dot*, page 37) que toutes ces controverses n'ont point encore tranché la question et qu'il faut ici « savoir se « résigner jusqu'à la découverte de quelque nouveau texte ».

Il est cependant un point qui, à notre avis, ne peut faire doute, c'est que les *retentiones* fondées sur un intérêt pécuniaire (*Retentiones propter res donatas, propter res amotas, propter impensas*) peuvent se cumuler soit entre elles, soit avec l'une des deux *Retentiones propter mores* ou *propter liberos*. Ces *retentiones*, en effet, ne sont après tout que des créances ordinaires. Mais le doute naît sur cette question : les *Retentiones propter mores* et *propter liberos* peuvent-elles s'exercer cumulativement?

Hugo (*Histoire du Droit romain*, § CCCLII) pense que le cumul de ces deux *retentiones* ne pouvait avoir lieu. Cette opinion a été suivie en Allemagne par des Romanistes très distingués tels que Glück et Hasse ; et en France par M. Laboulaye (*Condition de la femme*, section II, chapitre v).

Tout le système de Hugo se fonde sur le § 11, titre VI, des *Règles* d'Ulpien : « Dos quæ semel functa est, amplius fungi non potest, nisi aliud matrimonium sit. » Quel peut être le sens de cette phrase ? se demande Hugo.

Cujas entend ainsi ce passage : « Une dot, qui a cessé d'être dot par le fait du divorce, ne peut le redevenir que par un nouveau mariage. » C'est-à-dire que si les époux se remarient ensemble, la dot sera de nouveau constituée tacitement. Cette interprétation est adoptée par Schilling (*Jurisp. vet.*, p. 585). Une « dos functa »,

pour cet auteur, c'est une dot qui a servi, une dot qui a rempli
sa fonction; de même que pour désigner un tombeau qui n'a pas
encore contenu de corps, qui n'a pas encore servi, on dit « nundum
functum monumentum ». Schilling fait remarquer que si tel est le
sens de cette phrase d'Ulpien, elle n'est pas à sa place là où le
jurisconsulte l'a intercalée.

Aussi Hugo pense qu'il faut donner à ce passage un sens qui
soit en rapport avec le paragraphe qui le précède et celui qui le
suit ; et alors voici comment il l'interprète. Une « dos functa »,
c'est une dot qui a subi une retenue; de sorte que le texte signifie
« qu'une dot qui a déjà subi une retenue ne peut pas en subir
une seconde ». Seulement, dit toujours Hugo, il ne faut pas prendre notre texte à la lettre et croire que jamais une dot ne sera
soumise à deux *retentiones*, quelque différente qu'en soit l'origine.
Pourquoi une dot ne pourrait-elle en même temps subir la *Retentio
propter liberos* et la *Retentio propter res amotas* ou *propter impensas?* Ce qu'a voulu exclure le texte, c'est uniquement le concours de
deux *retentiones* tellement semblables qu'exercées à la fois, elles
infligeraient à la femme une double peine pour une seule et même
faute. Or, ce serait bien ce qui arriverait, si les deux *Retentiones
propter liberos* et *propter mores* pouvaient se cumuler. Aussi le
jurisconsulte a-t-il posé cette règle : « Dos quæ semel functa est,
amplius fungi non potest, nisi aliud matrimonium sit. »

Hasse a adopté le système de Hugo. Pour lui comme pour ce
dernier Romaniste, les *retentiones* ne se cumulent pas, mais elles
fonctionnent l'une à côté de l'autre, laissées au choix du mari
toutes les fois que ce choix sera possible. Quand le mari pourra
opter, il est évident qu'il choisira la plus avantageuse pour lui.

Nous avouons qu'il nous semble bien difficile d'admettre l'explication de Hugo et de Hasse. Si le texte d'Ulpien signifiait que les
deux *Retentiones propter liberos* et *propter mores* ne peuvent se
cumuler, il serait placé après la *Retentio propter mores* et non
entre ces deux *retentiones*. D'ailleurs, comme le fait remarquer
Schilling, ces auteurs donnent aux mots *semel* et *amplius* un sens
qu'ils n'ont pas lorsqu'ils se trouvent opposés l'un à l'autre. Ces
mots, quand ils sont juxtaposés, marquent deux événements, deux
faits successifs, ou si l'on aime mieux la réitération du même fait

à deux époques successives : ils ne peuvent donc, ici, viser deux causes simultanées de rétentions.

Aussi penchons-nous à admettre que la *Retentio propter mores* et la *Retentio propter liberos* peuvent être opérées en même temps. Qu'y a-t-il d'étonnant que le mari qui a des enfants puisse retenir sur la dot une somme plus forte en cas de faute de la femme que s'il n'avait pas d'enfants ? La femme qui n'a pas d'enfants et qui commet une faute est très coupable, mais celle qui a une famille l'est encore davantage; elle mérite d'être plus sévèrement punie. D'ailleurs, en faisant même abstraction du caractère pénal de la *Retentio propter liberos*, en ne la considérant que comme une indemnité, pourquoi n'admettrions-nous pas le cumul ? Si la femme commet une faute qui donne lieu à la rupture du mariage et qu'elle ait des enfants, elle subira d'abord la *Retentio propter mores* à titre de peine, et ensuite la *Retentio propter liberos* comme juste indemnité due au mari pour la charge des enfants. Supposons qu'avec Hugo et Hasse on repousse le système du cumul et que la femme, par exemple, commette un adultère; s'il n'y a pas d'enfants issus du mariage, le mari gardera un sixième de la dot; s'il y a des enfants, il ne gardera également qu'un sixième. Ne sera-ce pas injuste ?

Mais puisque le cumul entre les deux *Retentiones propter liberos* et *propter mores* n'a rien d'impossible, puisque le § 11 des *Règles* d'Ulpien n'a pas le sens que Hugo et Hasse lui donnent, quelle interprétation devrons-nous admettre au sujet de ce passage? Schilling, dans sa Critique du livre d'Hugo (*Kritik über Hugo's Lehrbuch*), donne à cette phrase, passablement obscure d'ailleurs, une signification ingénieuse, mais que nous ne saurions adopter. Ainsi que nous l'avons dit plus haut, d'après Schilling, le § 11 serait intimement lié au § 10 qui le précède; il n'en serait que l'explication et le développement. Dans le § 10, Ulpien nous dit que les sixièmes « propter liberos » peuvent bien faire l'objet d'une *retentio*, mais non d'une *petitio*, d'une action. Ulpien, au dire de Schilling, nous donnerait la raison de cette règle : si le mari peut retenir un sixième de la dot, c'est parce que la dot existe encore, parce qu'elle est entre ses mains ; on peut retenir une portion d'une chose qui existe encore. Mais supposons que le mari rende la dot

sans opérer la retenue, alors la dot est *functa*, elle a rempli sa destination, elle a par cela même fini d'exister ; il ne sera donc pas possible au mari d'agir pour en réclamer une partie, car on ne peut
évidemment demander une fraction de quelque chose qui n'existe
pas. Comme nous l'avons dit plus haut, avec détails, cette explication
nous semble assez difficile à admettre. Si elle donnait la véritable
raison de la règle écrite dans le § 10, elle s'appliquerait également
à la *Retentio propter mores*. Or, nous savons justement que le
mari pouvait réclamer par voie d'action le sixième ou le huitième
de la dot qu'il n'avait pas retenu *propter mores*. C'est donc que
l'interprétation donnée par Schilling du § 11 est inexacte et qu'il
faut lui chercher un autre sens.

Un Romaniste allemand, Burchardi, auteur d'un manuel de Droit
romain, explique ainsi le passage d'Ulpien : si la *Retentio propter
liberos* a été opérée par le mari après un divorce, au cas où le
mari reprendrait sa femme et où un nouveau divorce se produi-
rait, la même *retentio* ne pourrait pas être exercée une seconde
fois. Elle ne pourrait l'être que par un nouveau mari qui épouse-
rait la femme divorcée, et auquel cette femme aurait apporté la
même dot.

Si tant est qu'on puisse avoir la prétention d'interpréter le § 11,
cette explication paraît assez naturelle. Elle s'impose si on accepte
la lecture de Huschke, mais elle est très admissible si on adopte
la lecture de Pellat. Elle est, et c'est son grand mérite, conforme
à la justice et à l'équité. De plus, elle cadre assez avec la forme
même du texte. On peut très bien dans la lecture de Pellat, sous-
entendre après « functa est » les mots « sextarum retentione ».
Quant à « semel » et « amplius », on leur donne bien ici leur sens
ordinaire qui implique une idée de succession et non une idée de
simultanéité.

On conçoit assez que si la *Retentio propter liberos* a été exercée
après un premier divorce, elle ne puisse pas l'être après un second.
En effet, cette « retentio » est destinée à l'entretien des enfants ;
or, lorsqu'après un divorce arrivé le mari a pris sur la dot une
somme suffisante pour s'indemniser de la charge des enfants,
serait-il juste qu'après une nouvelle séparation, il voulût encore
enlever à sa femme, dans le même but, une somme qui ferait

double emploi avec la première? La prétention du mari ne serait
juste que s'il était né d'autres enfants du nouveau mariage ou si le
mari n'avait pas exercé la *Retentio propter liberos* après le premier divorce (1).

Si l'on veut à tout prix donner une explication du § 11 d'Ulpien,
on peut accepter celle que nous venons de donner. Seulement, on
nous permettra d'avouer que si tel est le sens de ce texte, il y a
dans l'incise « nisi aliud matrimonium sit » une singulière
naïveté.

(1) Les partisans de l'opinion de Burchardi, s'ils veulent mettre d'accord le
§ 11 d'Ulpien avec le § 107 des *Fragmenta vaticana*, sont obligés de supposer
que, dans ce dernier texte, il s'agit d'une hypothèse où le mari avait négligé
d'exercer la *Retentio propter liberos* après le premier divorce, — ou bien d'un
cas où il n'y avait pas eu d'enfants du premier mariage, — ou encore d'une
hypothèse où la seconde union des époux a donné de nouveaux enfants. On
s'explique alors comment le jurisconsulte interrogé permet d'exercer la *Retentio
propter liberos* après le nouveau divorce, s'il y a faute de la femme.

CHAPITRE III

DES MODIFICATIONS QUE LES PACTES DOTAUX PEUVENT APPORTER A L'EXERCICE NORMAL DES « RETENTIONES »

Nous avons examiné la théorie des *retentiones* telle qu'elle se présente quand aucun pacte dotal n'en a modifié l'application·
Mais il se pourrait que les parties contractantes y apportassent certains changements. Nous allons reprendre une à une les diverses *retentiones*, et voir, pour chacune d'elles, la valeur des pactes que les parties pourraient avoir conclus.

I. — RETENTIO PROPTER LIBEROS

Nous savons que cette *retentio* ne pouvait être exercée qu'au cas de faute de la femme ; qu'elle était d'un sixième par chaque enfant, et qu'elle ne pouvait dépasser la moitié de la dot.

Les époux ou les parties à la constitution de la dot, pouvaient mo·difier le *quantum* de cette retenue en décidant que le mari retiendrait toute la dot pour un seul enfant. C'est ce qui résulte du § 120 des *Fragmenta vaticana*, et de la loi 2, D., *de Pact. dotal.*, XXIII-4.

A fortiori pourrait-on décider que la *retentio*, au lieu d'être d'un sixième par enfant, serait de toute autre fraction plus élevée, ou que, restant limitiée à un sixième par enfant, elle pourrait dépasser la moitié de la dot.

Les parties pourraient non seulement augmenter le *quantum* de la *retentio*, mais encore en étendre le champ d'application. Tandis qu'en thèse ordinaire, cette retenue n'avait lieu que si le divorce arrivait par la faute de la femme, il pouvait être convenu qu'elle s'appliquerait même au cas de divorce *bonâ gratiâ*. Et ic encore il était loisible de décider qu'elle s'exercerait dans les limites de son *quantum* ordinaire (1/6), ou bien que le chiffre en serait augmenté conformément à ce que nous avons dit plus haut.

Mais il découle de la loi 2, D., *de Pact. dotal.*, XXIII-4, et de la loi 1, § 1, D., *de Dote præleg.*, XXXIII-4, qu'on ne pouvait décider que la *retentio* s'appliquerait au cas de mort du mari; et les *Fragmenta vatic.*, § 120, nous prouvent qu'on ne pouvait l'étendre au cas où le divorce arrivait par la faute du mari.

Nous disons que les parties pouvaient convenir que si le mariage se dissolvait *bonâ gratiâ*, et qu'il y eût des enfants, le mari exercerait la *Retentio propter liberos*. C'est ce qu'attestent les §§ 106 et 107 des *Fragments du Vatican* que nous reproduisons intégralement : « 106. Convenit in pacto dotali ut, divortio facto, sextæ liberorum nomine retinerentur : quæro an discidio interveniente sextæ retineri possint? Paulus respondit secundum ea quæ proponuntur posse.— 107. Item quæsitum est, si vir repudium misit, et eamdem reduxit, eaque mulier, absente viro, de domo ejus discesserit, an æque sextæ retineri possint ex priore pacto? Paulus respondit, si verum divortium intercesserit, et ad eumdem rursum reversa non renovato pacto, manente dote divortit, sextas liberorum nomine ita demum retineri posse si culpa mulieris divortium intercessit. »

Le § 106 suppose qu'il a été fait un pacte dotal dans lequel il a été dit d'une façon générale, qu'en cas de divorce le mari pourra exercer la *Retentio propter liberos*. Un divorce *bonâ gratiâ* survient; on demande à Paul si le mari pourra retenir le sixième de la dot. Le jurisconsulte répond affirmativement. Si l'on consulte Paul, c'est que la question pouvait faire doute. En effet, la *Retentio propter liberos* a un caractère pénal : comment l'appliquer au divorce *bonâ gratiâ*? Mais le jurisconsulte permet au mari d'exercer la *retentio* parce que, outre qu'elle est une peine, elle est aussi, et surtout, une indemnité accordée au mari pour la charge des enfants. Les parties peuvent donc, par une convention, faire sortir la *Retentio propter liberos* de sa sphère ordinaire d'application, et l'étendre au cas de divorce *bonâ gratiâ*.

Mais, dira-t-on, qu'est-ce qui prouve que les parties, dans leur pacte, ont eu en vue un divorce *bonâ gratiâ?* Qu'est-ce qui prouve que c'est un divorce *bonâ gratiâ* qui s'est réalisé? Le texte même de Paul. Si le divorce prévu par le pacte était un divorce causé par la faute de la femme, ce pacte serait parfaitement inutile, puisqu'il ne ferait que reproduire le droit commun. Or, il est probable que les parties n'ont pas voulu parler pour ne rien dire, et qu'en spécifiant que dans le cas de divorce le mari pourrait exercer la *Retentio propter liberos,* elles ont en vue le divorce *bonâ gratiâ.*

Ce qui démontre ensuite que le divorce qui s'est réalisé est un divorce *bonâ gratiâ,* c'est que s'il s'agissait, dans l'hypothèse soumise à Paul, d'un divorce arrivé par la faute de la femme, il ne serait pas nécessaire de venir demander au jurisconsulte si la *Retentio propter liberos* peut être exercée. Dans cette dernière hypothèse, la *retentio* serait de droit. Si, donc, l'on prend la peine de soumettre l'hypothèse. à Paul, c'est que l'on ne se trouve pas dans le cas. ordinaire, c'est qu'il ne s'agit plus d'un divorce arrivé par la faute de la femme, mais d'un divorce *bonâ gratiâ.*

Le § 107 vient d'ailleurs à l'appui de notre opinion. Paul, dans ce texte, suppose que les époux, après avoir convenu « ut divortio facto sextæ liberorum nomine retinerentur », ont divorcé, se sont ensuite remariés sans renouveler leur pacte, puis ont encore divorcé. Il se demande alors si le mari pourra, lors de ce second divorce, opérer la *Retentio propter liberos.* Oui, répond-il, si ce divorce a eu lieu par la faute de la femme. En d'autres termes, il range ce cas sous l'empire du Droit commun.

Eh bien ! nous disons que ce paragraphe prouve bien que par un pacte les époux pouvaient étendre la *Retentio propter liberos* au cas de divorce *bonâ gratiâ.* En effet, pourquoi Paul dit-il que le mari ne pourra exercer la *retentio* que s'il y a faute de la femme? Parce que le pacte n'a pas été renouvelé, « non renovato pacto. » Donc, si le pacte avait été renouvelé lors du second mariage, le mari aurait pu exercer la *Retentio propter liberos,* alors même qu'il n'y aurait pas eu faute de la femme, c'est-à-dire même en cas de divorce *bonâ gratiâ.*

Plusieurs autres textes démontrent que les parties peuvent, par une convention expresse, étendre la *retentio* au divorce par consentement mutuel; ce sont la loi 2 *de Pactis dotalibus*, XXIII-4 (par *a contrario*); la loi 1, §1ᵉʳ, D., *de Dote prælegata*, XXXIII-4; et le § 120 des *Fragmenta vaticana*.

Avant de laisser l'étude des pactes qui peuvent modifier la *Retentio propter liberos*, nous devons faire une remarque. Aucun texte ne nous dit si les parties pourraient convenir qu'en cas de divorce arrivé par la faute de la femme, la *retentio* ne sera pas exercée. Sil'on admet avec tous les auteurs que la *Retentio propter liberos* avait un certain caractère pénal, on est, ce nous semble, obligé d'admettre aussi la nullité du pacte en question. Car un tel pacte assurerait à la femme l'impunité de ses fautes et l'engagerait par suite à les commettre. Cette opinion est professée par Schulting (*Notæ ad Pandectas, in L. 5, de Pact. dot.*, XXIII, 4).

II. — RETENTIO PROPTER MORES

Paul, dans la loi 5 pr., *de Pact. dot.* (XXIII-4), nous apprend qu'on ne peut, par un pacte dotal, supprimer cette *retentio* ou la modifier dans son *quantum*. Ce n'est là qu'une application aux pactes dotaux d'une règle commune à tous les pactes : « Privata conventio juri publico non derogat. » Si la *Retentio propter mores* pouvait être supprimée ou diminuée, ce serait un moyen de pousser la femme à l'inconduite.

Ce que nous disons de la *Retentio propter mores* s'applique également aux peines qui frappent l'inconduite du mari. Elles sont au-dessus de la convention des parties.

III. — RETENTIO PROPTER RES DONATAS

Le texte de Paul que nous venons de citer (§1) prohibe les pactes qui supprimeraient la *Retentio propter res donatas*. Ces pactes, dit Paul, « jus civile impugnantur » ; ils auraient pour objet de déroger aux dispositions du Droit civil. Or, les dispositions du Droit civil qui annulent les donations entre époux sont d'ordre public; elles visent à assurer la tranquillité des familles; il ne doit donc pas être permis d'y déroger.

IV — RETENTIO PROPTER RES AMOTAS.

La convention qui annulerait cette *retentio* serait également non avenue (*ead. leg.*, § 1) ; elle aurait, en effet, pour résultat d'exciter la femme au vol, en lui assurant l'impunité ; elle serait donc contraire à la morale et à la loi.

V — RETENTIO PROPTER IMPENSAS.

Le pacte ayant pour objet de supprimer cette cause de retenue ne serait point valable (même loi, § 2). Mais pourquoi ? Parce que, dit Paul, « tales impensæ dotem ipso jure minuunt. » Ne serait-ce pas plutôt parce que les donations entre époux sont interdites ? Le mari qui effectuerait sur les choses dotales des dépenses nécessaires ferait à sa femme des libéralités, s'il n'avait point le droit de réclamer le remboursement de ce qu'il aurait dépensé. Aussi, pensons-nous que l'interdiction de ce genre de pactes s'applique aussi aux dépenses utiles (L. 11, D., *de Impensis...* XXV-1), et même aux dépenses voluptuaires. Lorsqu'il aura été convenu que le mari ne pourra pas se faire tenir compte de ses impenses, une telle convention sera donc non avenue, et les époux seront entièrement placés sous l'empire du Droit commun.

D'ailleurs (mais ceci ne s'applique absolument qu'aux dépenses nécessaires), si le pacte interdisant au mari de réclamer ses dépenses nécessaires était valable, il serait à craindre qu'il ne fît pas les impenses de cette nature et ne laissât périr la chose dotale : l'intérêt même de la femme exige donc qu'une pareille convention soit tenue pour non avenue.

Nous devons faire une remarque importante qui s'applique à tous les pactes dont nous venons de parler. Si Paul déclare nulles les conventions relatives aux *res amotæ*, aux *res donatæ* et aux *impensæ*, c'est qu'il les suppose conclues lors de la constitution de la dot. Mais s'ils intervenaient après la dissolution du mariage, ces pactes seraient valables, comme tout autre pacte de remise ordinaire. Nous avons sur ce point un texte formel : la loi 20 pr., *de Pactis dotalibus* (XXIII-4) : « ob res quoque donatas, vel amotas, vel impensas factas, tunc facta pactio valebit, id est post divortium. »

Quant au pacte par lequel le mari, après le divorce, ferait remise de la *Retentio propter mores*, la loi ne nous en parle pas. Mais nous pensons avec tous les auteurs, et notamment Schulting (*Notæ ad Pand.*, *in L.* 5, *de Pactis dot.*, XXIII-4), que cette convention serait pleinement valable. D'abord les principes généraux nous autorisent à le penser ainsi. On ne peut point dire, en effet, qu'il y aurait là une excitation pour la femme à l'inconduite, puisque le fait a déjà été commis et que, d'ailleurs, le mariage est rompu ; ce serait tout simplement le pardon que le mari ferait d'une injure par lui subie. Or, toute personne peut pardonner une offense, pourquoi le mari ne le pourrait-il pas ? Tout cela n'est que l'application de la loi 27, § 4, D., *de Pactis*, II-14 : « Pacta, quæ turpem causam continent, non sunt observanda ; veluti si paciscar ne facti agam vel injuriarum, si feceris : expedit enim timere furti vel injuriarum pœnam. Sed post admissa hæc pacisci possumus. »

D'ailleurs, le texte des *Basiliques* correspondant à la loi 20 pr., *de Pact. dot.*, vient pleinement à l'appui de ce que nous avançons. Ce texte valide entièrement le pacte dont nous parlons. « Ob mores quoque, et ob res donatas... », dit la colonne latine de l'édition Heimbach.

Un autre texte du même recueil est tout aussi formel. C'est le § XVIII, liv. XXIX, titre V, *de Pactis dotal.*, tome III, p. 470 de l'édition Heimbach. Voici ce que nous lisons à la colonne latine : « Paulus. Post divortium valide paciscuntur de remissione morum et negligentiæ et rerum donatarum et amotarum et impensarum factarum. »

de l'Italie, dont la ruine eût fait gémir toutes les nations voisines.

Plutarque, dans la *Vie de Sylla*, vante la modéra-
tion de Flaminius, de Manius Aquilius, d'Emilius
Paulus ; le premier, lorsqu'il chassa Antiochus de la
Grèce, et les deux autres, après qu'ils eurent vaincu
les rois de Macédoine, non seulement épargnèrent
les temples des Grecs, mais encore les ornèrent et
les enrichirent de dons, et augmentèrent le respect
qui leur était dû.

Les pouvoirs du général se manifestaient surtout
dans le pillage des villes, qui était considéré comme
une récompense accordée à la valeur et au courage
des soldats ; il était juste que la récompense fût attri-
buée par celui qui avait pu apprécier la bravoure, et
qui avait encouragé les assaillants en leur faisant
entrevoir des gains considérables. C'était en vertu
d'une sorte de délégation que le général agissait de
son propre chef ; car, en droit, les meubles conquis sur
l'ennemi, aussi bien que les immeubles, étaient la
propriété de la République.

Denys d'Halicarnasse nous apprend que de tout
temps des protestations s'élevèrent contre ce mode
de partage, car on prétendait que les chefs avaient
pour but surtout d'acquérir la faveur des gens de
guerre ; mais leur réponse était facile ; ils se met-
taient à couvert en disant qu'il était nécessaire de

récompenser les assaillants de leurs travaux, afin qu'ils se portassent avec plus d'ardeur à d'autres expéditions.

Tantôt le pillage était permis sans qu'aucune règle fût imposée aux soldats, chacun gardant le butin qui lui était tombé sous la main et qu'il avait pu s'approprier ; on remarquait alors que ceux qui valaient le moins étaient précisément ceux qui s'enrichissaient le plus. Tantôt le butin était partagé proportionnellement à la solde de chacun des assaillants, et il y avait alors possibilité de faire une distribution conforme au mérite de chacun.

Dans un grand nombre de cas, on consacrait aux dieux une partie du pillage et parfois la totalité ; c'est ainsi que Camille, avant d'attaquer Veïes, promit à Apollon Pythien de lui offrir la dîme des dépouilles.

Les généraux avaient la faculté de conserver pour eux ce qui pouvait leur plaire, mais ils n'en usaient pas toujours et se contentaient de la gloire, méprisant les richesses les plus justement acquises : telle fut la conduite de Caton dans la guerre d'Espagne.

Quel que fût le mode de partage ou d'attribution du butin, le chef qui y avait présidé devait rendre compte des distributions qu'il avait faites ou permises ; la République avait, en effet, le droit de demander des justifications à celui auquel elle avait confié le soin de la représenter et d'agir pour elle. — Les peines édictées contre le péculat menaçaient le général ou le soldat qui ne pouvait rendre compte du butin qu'il avait fait ; c'était une atteinte portée à une propriété publique. Les soldats juraient de ne rien détourner du pillage, de ne rien prendre dans l'armée, ni dix mille pas à la ronde, dont la valeur fût supérieure à un numme d'argent, ou, s'ils le prenaient, de le porter au consul ou de le déclarer trois jours après : « Is qui prædam ab hostibus captam subripuit, lege peculatus tenetur, et in quadruplum damnatur (1). »

C'est sans doute en vertu de cette loi, que Scipion fut condamné, pour avoir reçu quatre cent quatrevingts livres d'argent de plus qu'il n'en avait versé au trésor (2).

De même que l'esclavage fut limité aux prisonniers de guerre proprement dits, de même aussi le butin fut resteint aux choses réellement enlevées. A la conclusion de la paix, les citoyens du pays ennemi qui n'avaient été ni faits prisonniers, ni exceptionnellement vendus comme esclaves, étaient protégés dans leur liberté ainsi que dans leur propriété mobilière. De même, si l'armée avait, pendant la

---

(1) Loi 13, Dig., 48,13, *ad Leg. Juliam peculatus*. Modestin.
(2) Valère Maxime, lib. V, cap. 3.

guerre, la faculté illimitée de faire du butin, cette
faculté cessait avec la guerre, et elle n'atteignait
la propriété mobilière des particuliers que dans la
mesure où elle était réellement exercée.

CHAPITRE V

POSTLIMINIUM

En temps de guerre, il n'y a pas à Rome de droit contre la force ; les propriétés immobilières du vaincu appartiennent au vainqueur, s'il a assez de puissance pour les conserver matériellement sous sa domination (1); les esclaves captifs et le butin lui appartiennent, s'il a la bonne fortune de ne pas laisser s'enfuir les premiers, ou reconquérir le second par ceux auxquels il l'avait pris. Mais qu'un événement inattendu fasse du vaincu d'hier le vainqueur d'aujourd'hui, et, des droits résultant de la guerre, il ne restera plus que le souvenir ; toutes les conséquences juridiques attachées au transfert de la propriété seront rétroactivement anéanties : l'esclave reprendra sa condition ancienne, le butin retournera à celui qui avait subi le pillage, les immeubles seront considérés comme n'ayant jamais changé de propriétaire. — Cette fiction légale, en vertu

----

(1) « Rursus si cum magna vi ingressus est exercitus, eam tantummodo partem, quam intraverit, obtinet. » Celsus, 1, 18, p. 4, Dig., 41, 2, *de Adquirenda possessione.*

de laquelle on rétablissait rétroactivement les choses dans leur état primitif, s'appelait le *postliminium* ou *jus postliminii*.

« Le droit de *postliminium* s'applique en temps de guerre, dit Pomponius, lorsque quelqu'un des nôtres, ayant été pris par les ennemis et conduit au milieu d'eux, revient pendant la même guerre ; il est rétabli dans ses anciens droits, de même que s'il n'eût pas été pris par l'ennemi (1). »

Nous n'avons à examiner ici, comme nous l'avons toujours fait, que l'hypothèse d'une guerre solennelle, régulièrement déclarée ; le *postliminium* ne compète alors aux prisonniers, qu'autant qu'ils recouvrent la liberté avant la fin de la guerre durant laquelle ils ont été pris. Par cette sévérité, dit Tryphoninus (2), on avait voulu forcer le soldat romain à ne compter que sur son propre courage pour rentrer dans sa patrie. Toutefois, le même jurisconsulte, après avoir posé cette règle, signale deux exceptions, dont la première seule nous intéresse : elle avait été introduite en faveur des captifs dont le retour avait été expressément prévu par le traité de paix (3). Labéon signale à la fois l'existence de la

____

(1) Loi 5, p. 1, Dig., 49, 15, *de Captivis et de postliminio*.
(2) Loi 12 pr., Digeste, 49, 15, *de Captivis et de postliminio*.
(3) Pour faire résulter cette exception du texte de Tryphoninus, il faut dans la première phrase lire *id* au lieu de *nihil*. Si l'on garde le mot *nihil*, le sens sera que les prisonniers qui ne reviennent

règle et de l'exception. Il suppose qu'un citoyen romain, ayant été fait prisonnier durant une guerre solennelle, n'a pu revenir à Rome avant la conclusion de la paix. Qu'une nouvelle guerre éclate avec les mêmes ennemis, dit-il, que ce soldat soit fait de nouveau prisonnier, il appartiendra de droit à son ancien maître, car il ne pourra invoquer le bienfait du *jus postliminii*, ne se trouvant pas dans les conditions requises pour en avoir bénéficié, et le jurisconsulte ajoute : « A moins qu'aux termes du traité, la reddition des prisonniers ait été stipulée (1). »

Si ce prisonnier retourne à son ancien maître, c'est que son temps de captivité n'a pas été effacé par la fiction légale dont nous nous occupons, et qui ne s'applique qu'à ceux qui ont recouvré leur liberté *durant la guerre;* il en serait autrement si le traité de paix, qui fait la loi des particuliers aussi bien que

---

qu'après la paix conclue jouissent néanmoins du postliminium, à moins qu'une clause expresse du traité ne leur enlève cette faculté. Mais, outre que cette doctrine va mal avec le motif donné par Tryphoninus, elle est formellement contredite par la loi 28 *de Captivis.*

Note de **M.** Accarias, tome 1er, n° 43, *Précis de Droit romain.*

« In bello postliminium est, in pace autem his, qui bello capti « erant, de quibus *nihil (id)* in pactis erat comprehensum. »

(1) « Si in bello captus, pace facta, domum refugit, deinde, renovato bello, capitur, postliminio redit ad eum a quo priore bello captus erat. Si modo non convenerit in pace, ut captivi redderentur. »

celle des États, avait déclaré formellement que l'esclavage cesserait pour une catégorie déterminée de personnes.

C'est au fait matériel du retour qu'on doit s'attacher pour fixer le sort du captif; quand il est arrivé jusqu'à une ville alliée, ou dès qu'il a franchi le seuil de l'empire romain, pour employer les expressions des *Institutes*, il est censé ne l'avoir jamais dépassé, et on peut dire que là où sont les aigles romaines, là est l'empire. Il est restitué dans l'intégralité de ses droits; était-il ingénu, il reste tel; exerçait-il la puissance paternelle sur ses enfants, il l'a conservée. Il retrouve tous les droits actifs dont il jouissait, et qui sont réputés lui avoir toujours appartenu (1). Par une réciprocité facile à expliquer, il reprend également sa condition antérieure en tout ce qu'elle pouvait avoir de désavantageux.

Quels que soient les moyens qu'il ait employés, le captif ne jouit pas moins de ces bienfaits dès qu'il est de retour; que, trompant la surveillance de l'ennemi, il se soit échappé, ou bien qu'il ait été ren-

---

(1) La fiction ne saurait toutefois effacer les faits accomplis. Par exemple si le captif, antérieurement à son esclavage, avait la possession matérielle d'une chose, il ne peut plus invoquer cette possession qu'un fait seul pouvait lui conserver. (Loi 12, par. 2, *de Captivis.*) De même, s'il a testé chez l'ennemi, son testament vicié, dès le début, ne devient pas valable à son retour. (Loi 23, par. 1, Dig., 41, 2, *de Adquir. rel. amit. possessione.*)

voyé, échangé, racheté, qu'il ait agi par force ou
par ruse, il a le droit d'invoquer le *postliminium*.
Toutefois, nous croyons qu'à ce fait matériel du retour
il fallait joindre ce qu'on peut appeler « l'esprit de
retour », *animus remanendi*. Pomponius dit, en
effet, que Régulus, envoyé à Rome par les Carthaginois, n'était pas rentré avec le *postliminium*, parce
qu'il avait juré qu'il retournerait à Carthage et qu'il
n'avait pas eu l'intention de rester dans sa patrie.
« In Attilio Regulo, quem Carthaginienses Romam
miserunt, responsum est non esse eum postliminio
reversum, quia juraverat Carthaginem reversurum,
et non habuerat animum Romæ remanendi (1). »

Par exception, le *postliminium* était refusé à certains captifs, bien qu'ils fussent revenus dans l'empire
romain ou qu'ils eussent atteint une ville alliée :

1° Aux transfuges, car, dit Paul (2), celui qui a
abandonné sa patrie avec de mauvais desseins et dans
l'intention de trahir doit être regardé comme un
ennemi. Il eût été difficile, en effet, de le traiter
favorablement, puisque la peine qu'il encourait n'était
rien moins que le bûcher ou la pendaison (3).

Mais le jurisconsulte ajoute : « Cette privation du

------

(1) Loi 5, par. 3, Dig., *de Captivis*. — Pomponius.
(2) Loi 19, par. 4, Dig.   *id.*
(3) Lois 8, par. 2, et 38, par. 1. Dig., *de Pœnis*, 48, 19.

droit postliminaire ne s'applique qu'au transfuge libre, car si un esclave est revenu après avoir passé à l'ennemi, son maître reprend toute la puissance qu'il avait, de peur qu'une disposition contraire de la loi ne soit pas aussi outrageante pour cet esclave qui reste toujours dans la servitude, qu'elle serait préjudiciable au maître.

2° A ceux qui se sont rendus à discrétion. — Loi 17, Dig., *de Captivis ;*

3° A ceux qui, admis par un traité à rentrer dans leur patrie, ont préféré rester chez l'ennemi. — Loi 12, D., *de Captivis;*

4° A ceux que les Romains ont eux-mêmes abandonnés aux ennemis par une clause expresse d'un traité ;

5° A ceux qui, pour certains motifs, ont été livrés aux ennemis. Nous savons que la remise d'un citoyen romain à un peuple étranger pouvait avoir lieu dans un grand nombre d'hypothèses ; nous avons signalé déjà la *deditio* faite aux Carthaginois de citoyens romains convaincus d'avoir violé le droit des ambassadeurs ; nous pourrions multiplier les exemples.

Dans tous les cas, la remise était faite par les Fétiaux, au nom de la République (1).

---

(1) La question de savoir si le *civis hostibus deditus* jouissait du *jus postliminii* avait été longtemps controversée. Cicéron,

Les Romains ne se contentaient pas d'appliquer aux individus la fiction légale que nous étudions ; poussant jusqu'à ses extrêmes limites l'assimilation que faisait le droit de la guerre des hommes et des choses, ils admettaient que la propriété de l'ennemi pouvait être rétroactivement effacée, quand la chose immobilière qui en était l'objet était reprise par la nation à laquelle elle avait été enlevée.

Paul dit, d'une façon générale : « Le droit appelé *postliminium* est celui de recouvrer sur un étranger *une chose perdue* et de la rétablir dans son ancien état. » (Loi 19, pr., Dig., 49, 15, *de Captivis*.)

Puisque la prise de possession en temps de guerre transférait la propriété, il était bien juste que, toutes les fois que cessait la possession, cessassent aussi ses conséquences, car on pouvait appliquer cette maxime : « Nihil tam naturale est quam eo genere quidque dissolvere quo colligatum est. » (Loi 55, *de Regulis juris*, Ulpien.)

Quand une armée avait pénétré sur un territoire, qu'elle s'y était établie assez fortement pour dé-

---

de *Oratore,* I, 40; *Topica* 8; *Pro Cecina*, 3, 4; — L. 4, Dig., *de Captivis.*

Les jurisconsultes discutèrent aussi la question de savoir ce que devenait le *deditus* si l'ennemi refusait de le recevoir; et tandis que les uns lui refusaient le bénéfice du *jus postliminii*, les autres le lui accordaient. (Loi 17, Dig., 50, 7; — Pomponius, *de Legationibus.*)

fendre sa conquête, les immeubles compris dans la zone de son occupation appartenaient à l'État qu'elle représentait ; mais si, par un retour de la fortune, elle était obligée d'abandonner les places fortes qu'elle avait occupées, elle perdait les fruits de sa victoire, et tout était remis dans la situation primitive.

Si une armée ennemie de Rome s'était emparée d'une partie de son territoire, dès que les armées de la République l'en avaient chassée, les propriétés territoriales étaient rendues à leurs propriétaires primitifs ; elles n'étaient pas vendues aux enchères publiques ni traitées comme butin, ainsi que l'était le sol conquis sur l'ennemi.

En général, le *postliminium* était applicable aux choses mobilières ; toutefois, les jurisconsultes nous apprennent qu'un soldat ne pouvait revendiquer, quand ils étaient tombés au pouvoir de ses concitoyens, ni ses vêtements, ni ses armes, car, dit Marcellus, c'est une honte et une infamie, que d'avoir perdu ses armes (1).

Mais le doit postliminaire s'appliquait aux vaisseaux de guerre, galères ou navires de transport, aux chevaux assujettis au frein (2).

Quant aux esclaves, ils étaient assimilés aux cho-

_____

(1) Loi 2, par. 2, Dig., 49, 15, *de Captivis.*
(2) Loi 2 pr. et par. 1, Dig., 49, 15, *de Captivis.*

ses, et ils redevenaient la propriété de leurs maîtres, dès qu'ils n'étaient plus au pouvoir de l'ennemi et qu'ils étaient rentrés *intra fines imperii*. — Paul signale pourtant une différence entre le retour de l'esclave et celui des autres choses : « La chose qui avait été prise par l'ennemi est considérée comme revenue dès qu'elle a repassé la frontière ; il ne suffit pas au contraire que l'esclave soit rentré dans Rome, il faut encore que son ancien maître en ait pris possession. »

CHAPITRE VI

TRAITÉS

En temps de guerre, les hostilités peuvent être simplement suspendues par des trêves, des armistices, d'une durée variable, ou définitivement arrêtées par la conclusion d'un traité de paix, réglant pour l'avenir les relations des belligérants.

Le général commandant une armée était toujours libre d'accorder un armistice de sa propre autorité, quand il estimait que les nécessités de la lutte lui en faisaient un devoir, car les troupes restaient en présence et l'inaction des combattants n'était qu'accidentelle.

' Mais dès qu'il s'agissait de conclure une trêve, les pouvoirs du général étaient insuffisants ; le Sénat et les Fétiaux devaient intervenir (1). Il était bien rare qu'un peuple vaincu demandât à jouir d'une paix destinée à disparaître à échéance fixe ; le plus ordinairement, la nation vaincue s'adressait

---

(1) « Itaque pax populo Cœriti data indutiasque in centum annos factas in senatusconsultum referri placuit. » (Tite-Live, VII, 20.)

au Sénat romain pour obtenir la cessation complète des hostilités, et le Sénat statuait; il accordait alors une trêve de vingt, trente, quarante ou même cent ans. « Subacti Veientes, dit Tite-Live (1), pacem petitum oratores Romam mittunt : agri parte multatis in centum annos indutiæ datæ. » Jusqu'à l'arrivée du terme fixé par le sénatus-consulte les deux peuples vivent en sécurité, car la violation de cette paix temporaire est condamnée par le droit des gens (2).

« Nous devons blâmer, dit Cicéron, ce général (3) qui, après avoir fait avec les ennemis une trêve de trente jours, ravageait leurs terres pendant la nuit, alléguant pour raison que les jours seuls étaient désignés dans le traité. »

Tite-Live nous fait connaître le sort réservé à celui qui a violé une trêve ; après nous avoir fait assister à la défaite des Samnites par les Romains, il nous transporte dans l'assemblée des vaincus, où un orateur déclare que ce n'est point merveille si une guerre impie, entreprise contre la foi d'un traité, et qui a dû provoquer la colère des dieux, n'a point eu de

---

(1) Tite-Live, I, 15, et au livre IX, c. 37. « A Perusia, Cortona et Aretio quæ ferme capita Etruriæ populorum erant, legati pacem petentes, indutias XXX annos impetrarunt. »

(2) Tite-Live, XL, 27 : « Imperator fraudem hostium incusans, qui, pace petita, indutiis datis, per ipsum indutiarum tempus contra jus gentium, ad castra oppugnanda venissent. »

(3) Cléomène de Lacédémone. — Cicéron, *de Officiis*, I, 10.

succès ; qu'il faut une réparation solennelle, une grande expiation, et qu'il s'agit de voir seulement si on prendra pour ce sacrifice le sang de quelques coupables, ou le sang de la nation entière. L'historien ajoute (1) : « Il y avait surtout un nom que désignaient les clameurs unanimes : c'était Brutulus Papius, homme noble et puissant, et, à n'en pas douter, auteur de la rupture de la dernière trêve : « Haut dubie proximarum *induciarum ruptor*. » Contraints de faire sur lui un rapport, les préteurs (samnites) décrétèrent « que Brutulus Papius serait livré aux Romains ; qu'avec lui tout le butin et les prisonniers romains seraient renvoyés à Rome, et que les objets *revendiqués par les Fétiaux* aux termes du traité seraient restitués, selon le droit et la justice. »

Ce passage nous fournit en outre une preuve nouvelle que les Fétiaux avaient pour mission de représenter le peuple romain, et de parler en son nom, dans toutes les questions relatives à ce que nous appelons aujourd'hui le Droit international. Si l'auteur de la rupture eût été un Romain, leur devoir eût été de le livrer à la nation offensée.

A la différence de la trêve (indutiæ), le traité proprement dit (fœdus) mettait fin à la guerre, lorsque celle-ci ne se terminait pas par la *deditio* du peuple

______

(1) Tite-Live, VIII, 39.

vaincu, dont nous avons donné un exemple, et qui, par cela seul qu'elle enlevait l'existence à un peuple, excluait les conventions.

Les conditions des traités variaient (*alia aliis legibus* — Tite-Live, I, 24) suivant que le sort des armes avait été plus ou moins favorable à l'une ou à l'autre des parties contractantes, mais les formalités nécessaires à leur conclusion étaient toujours les mêmes; l'accord du Sénat et du peuple romain (1) était requis pour leur validité, et les rites consacrés par le droit Fétial devaient être scrupuleusement observés pour leur formation (2); le chef de l'armée pouvait bien déposer les armes, proposer ou accepter provisoirement et sous sa responsabilité les clauses d'un traité; mais l'engagement qu'il prenait de faire ratifier sa promesse n'engageait que lui et ceux qui se portaient ses garants; le peuple et le Sénat restaient libres de donner ou de refuser leur adhésion.

Quand ils se virent dans l'impossibilité de lutter contre les Samnites à Caudium, les consuls romains se rendirent auprès du chef ennemi pour conférer avec lui; et, comme le vainqueur insistait sur la nécessité d'un traité, les Romains firent remarquer qu'on n'en pouvait conclure un sans l'assentiment du

---

(1) « Injussu populi nego quidquam sanciri posse, quod populum teneat. » — (Tite-Live, IX, 9.)
(2) Tite-Live, XXI, 18; — T.-L., XXXII.

peuple et l'intervention des Fétiaux. La paix caudine
ne fut donc pas conclue en vertu d'un traité, *fœdus*,
mais d'une simple promesse de traité *sponsio;* il est
impossible d'avoir un doute sur ce point en voyant
que les consuls, les lieutenants, les tribuns des soldats se portèrent caution de la capitulation, ce qu'ils
n'eussent pas fait pour un acte émané de l'autorité
suprême. Lorsque Posthumius se présenta devant le
Sénat, il put dire avec raison : « Ce n'est pas que je
veuille nier, P. C., que les promesses ne soient
aussi saintes que les traités, pour qui révère la bonne
foi, à l'égard de la religion ; mais je nie que l'on
puisse, sans l'aveu du peuple, rien conclure qui
oblige le peuple. »

La promesse faite aux Samnites ne fut pas rati-
fiée. Il eût été juste peut-être de remettre les choses
en l'état, et de renvoyer l'armée romaine occuper la
situation désastreuse qui avait précédé l'engagement pris par son général; mais ne pouvait-on considérer que les Samnites, en gardant six cents ota-
ges, avaient voulu par là même estimer par avance
le dommage qu'ils pourraient éprouver? Cette interprétation prévalut, et on livra à l'ennemi ceux qui
avaient stipulé avec lui, comme personnellement
responsables de l'inexécution de leur promesse.

Un général commandant une armée était donc dans
l'impossibilité absolue de conclure un traité; les

Fétiaux seuls, en vertu d'un mandat du Sénat, ratifié par le peuple, le pouvaient faire. Quand, à la suite de pourparlers, dans le détail desquels nous n'avons pas à entrer, les conditions de la paix avaient été formulées et acceptées par les parties en cause, les pontifes ordinaires du Droit international, se conformant aux règles tracées par le droit Fétial, étaient chargés de porter la parole au nom de la République.

Les clauses de la convention variaient suivant les peuples et les circonstances ; mais la procédure était toujours la même : telle nous la voyons sous la royauté, telle nous la retrouvons sous la République.

Voici les formalités suivies en pareille circonstance dans la guerre contre Albe, d'après Tite-Live.

« Le Fétial adressa cette question à Tullus : « Roi, m'ordonnes-tu de conclure un traité avec le père patrat du peuple albain? — Oui, répondit le Roi. — Roi, reprit le Fétial, je te demande l'herbe sainte. — Prends-la pure, répondit le Roi. » Le Fétial en alla cueillir de fraîche sur le Capitole, puis s'adressant de nouveau à Tullus : — « Roi, me fais-tu ton interprète, celui du peuple romain, fils de Quirinus? Approuves-tu les apprêts du sacrifice, le choix de mes assistants? — S'il ne doit être funeste, répondit Tullus, ni à moi, ni au peuple romain, fils de Quirinus, je l'approuve. » — Le Fétial était M. Valérius, il fait Sp. Fusius père patrat, en couvrant sa tête et ses cheveux de verveine. Le père patrat est chargé de prononcer la formule du serment, c'est-à-dire la ratification du traité, cérémonie qu'il accomplit en suivant un long protocole qu'il est inutile de rapporter ici. Il lut ensuite les conditions et ajouta : « Écoute, Jupiter, écoute, père patrat du peuple albain ; écoute aussi, peuple d'Albe.... Si le peuple romain s'écarte le premier de ce traité, par une délibération publique, par un subterfuge, le même jour, Jupiter, frappe le peuple romain comme je frappe aujourd'hui ce porc ; que le coup soit proportionné à ta puissance (1). »

(1) Au moment de déclarer la guerre, nous savons que le Fétial prenait Jupiter à témoin du bien fondé de la réclamation qui avait été adressée au nom du peuple romain ; nous voyons apparaître ici encore l'idée religieuse, et rien n'est plus naturel, car les deux peuples en présence, ne comprenant guère le droit en dehors de la religion, ne pouvaient se donner une preuve plus complète de sincérité qu'en s'engageant vis-à-vis de leurs dieux respectifs à observer le traité.

Au Moyen âge, nous trouvons une coutume analogue, et nous voyons les signataires d'un traité s'engager par serment à en assurer l'exécution. « Les clauses du traité de paix entre Philippe Auguste et Jean sans Terre ayant été discutées et rédigées, il ne restait plus qu'à conclure et à signer à la manière de l'époque cette paix si désirée.

« Le 22 mai 1200, les deux monarques, accompagnés des grands feudataires, qui devaient se porter garants de leurs engagements, se présentèrent entre le château de Gouleton, relevant du Roi de France, et celui de Butavaux, relevant du Roi d'Angleterre. Il leur fut donné lecture du traité. Jean sans Terre y apposa son

A ces mots, il assomma le porc avec un caillou. Albe, par la bouche de son dictateur et de ses prêtres, prononça ses formules et ses serments. — Ces cérémonies accomplies, la convention avait force de loi.

Les jurisconsultes romains distinguaient deux sortes de traités (1), suivant la condition faite aux vaincus. Rome laissait-elle à son adversaire une liberté pleine et entière, en le traitant sur le pied de l'égalité, il y avait *fœdus æquum;* imposait-elle au contraire, à une nation, l'obligation de reconnaître la majesté du peuple romain, « majestatem populi romani comiter conservare, » (2) d'où découlaient des devoirs d'obéissance (3) et de fidélité (4), il y avait *fœdus iniquum*.

scel, et Baudouin, comte d'Aumale, Guillaume le Maréchal, Hugues de Gournay, Guillaume de Hommet, connétable de Normandie, Robert d'Harcourt, etc., signèrent après lui, jurant que si le Roi d'Angleterre violait le traité, ils prendraient les armes contre lui et soutiendraient les droits du roi de France.

« Philippe-Auguste, à son tour, apposa son scel royal, et Robert, comte de Dreux, Geoffroy, comte de Pesche, Guillaume de Garlande, Mathieu de Montmorency, et autres, signèrent également, et dirent l'un après l'autre :

« Je suis témoin et garant des engagements de notre sire Roi de France, et je jure de prendre les armes contre lui, et pour le Roi d'Angleterre, si mon seigneur Roi de France viole ce traité. »

Sur les procédures pour la guerre. — Londres, bureau de la *Revue diplom.*, 1872.

(1) Proculus, loi 7, par. 1, Dig., 49, 15, *de Captivis.*

(2) Cicéron, *pro Balbo*, 16.

(3) Scævola, loi 4, Dig., 48, 4.

(4) Tite-Live, XXXVIII, 2.

Mais c'est là une distinction dont l'importance est
contestable, et sur laquelle nous n'insistons pas. Il
est bon de remarquer toutefois qu'au lieu de conclure un traité pour accorder aux peuples ou aux
rois une liberté restreinte, le Sénat aurait pu leur
concéder les mêmes prérogatives par un sénatus-
consulte (1) ; mais la différence entre les deux procédés était fort importante, car un traité, quelque
défavorable qu'il fût, supposait la personnalité des

----

(1) M. Egger, dans son *Étude sur les traités*, dit :

« Tout l'esprit de la politique romaine se trouve dans l'acte par
lequel le Sénat de Rome s'associe à la protection de l'asile consacré chez les Téïens, (193 av. J.-C., après Cynoscéphales.)

« M. Valérius, fils de Marcus, préteur, les tribuns, et le Sénat, au
Sénat et aux peuples des Téïens, salut. Ménippus, l'ambassadeur
envoyé auprès de nous par le roi Antiochus, et autorisé aussi par vous
à agir au nom de votre ville, nous a remis votre décret et nous a
parlé dans le même sens avec beaucoup d'empressement. De notre
côté, nous l'avons reçu avec bienveillance, et à cause de la réputation
qu'il s'est acquise et à cause de son mérite personnel, et nous avons
écouté volontiers sa demande. Que nous fassions toujours le plus
grand cas de la piété envers les dieux, c'est ce que l'on peut induire de la bienveillance même que, pour cela, le ciel nous a montrée. Toutefois, nous voulons qu'il y ait d'autre preuve évidente pour
tous, de notre particulière déférence envers la divinité. A cette
cause, et à cause de vous, et en considération de votre ambassadeur, nous décidons que votre ville et son territoire demeurent sa-
crés comme ils sont aujourd'hui, ayant droit d'asile, avec immunité
de tout tribut envers les Romains. Nous nous efforcerons d'ajouter
aux honneurs des dieux et aux privilèges des hommes, tant que vous
conserverez, pour l'avenir, les mêmes sentiments d'amitié à notre
égard. »

Inscriptions de Téos,
Corpus inscr. græc., n° 3045.

contractants, tandis qu'un sénatus-consulte, acte unilatéral, était une concession gratuite, un bienfait octroyé à ceux qui ne pouvaient plus consentir, parce qu'ils avaient perdu leur personnalité. — Après une guerre heureuse, la question se posait souvent de savoir auquel de ces deux procédés on aurait recours.

A la fin de la seconde guerre Punique (1), ce fait

(1) La première guerre Punique avait pris fin par un traité qui peut être considéré comme le type de « l'æquum fœdus » et dont voici les clauses principales. — « Qu'il y ait amitié, aux conditions suivantes, entre les Romains et leurs alliés (d'une part) et (de l'autre) les Carthaginois et leurs alliés.

« Les Romains ne navigueront pas au delà du promontoire Kalon, à moins d'y être contraints par la tempête ou par l'ennemi. Si quelqu'un d'eux est forcé de franchir cette limite, il ne pourra ni rien vendre, ni rien acheter, si ce n'est pour la réparation des navires ou le culte des dieux, et il devra dans les cinq jours quitter ces parages. Quant à ceux qui viendront pour le négoce, ils ne feront rien que devant un héraut ou un scribe. Tout ce qui aura été vendu en présence de ces magistrats, soit en Lybie, soit en Sardaigne, le prix en sera dû aux vendeurs sous la garantie publique. Si un Romain vient en Sicile, dans la partie occupée par les Carthaginois, il y jouira d'une pleine égalité de droits.

« Les Carthaginois ne feront aucun tort aux habitants d'Ardée, d'Antium, de Laurente, de Circée, de Terracine, à aucun des peuples latins soumis à l'autorité de Rome. Sur les autres territoires, ils ne reprendront aucune ville, ou s'ils en ont pris une, ils la rendront intacte.

« Ils ne construiront pas de place forte sur le territoire des Latins ; s'ils y entrent, ils n'y passeront pas la nuit (c'est-à-dire, ils n'y resteront pas plus d'un jour). »

Polybe III, **22**, cité par **M.** Egger, *Traités publics dans l'antiquité*.

se produisit, et on proposa d'exiger des Carthaginois qu'ils se rendissent à discrétion. « Nous verrons après cela, dit Lentulus, d'après Appien (lib. XIV), ce qui en résultera, et si nous leur faisons quelque grâce, ils nous en seront obligés puisqu'ils ne pourront l'avoir prétendue par un traité..... Ils ne seront plus si fiers et recevront avec joie tout ce que nous leur accorderons, comme si c'était un bien étranger, qui ne leur appartient pas (1). »

Ces conseils ne prévalurent pas, et Carthage fut admise à traiter, mais une contribution de guerre lui fut imposée, et elle dut s'engager à ne jamais faire la guerre contre Rome et ses alliés, ni même hors de l'Afrique, en dehors de leur territoire, sans avoir demandé la permission de Rome ; elle devint donc tributaire et perdit aussi son indépendance politique, par un *fœdus iniquum*.

------

(1) Cité par Grotius, liv. III, ch. 20, section XLIX.

CONCLUSION

Nous sommes bien loin, aujourd'hui, des conséquences de la conquête telles que nous les avons constatées aux temps des Romains ; on ne réduit plus les vaincus en esclavage, on ne les dépouille pas de la propriété de leurs terres, on ne les condamne point à les cultiver pour d'autres, on ne les déclare pas une race subordonnée appartenant aux vainqueurs ; mais si les Romains, dans les guerres nombreuses qu'ils entreprirent, ne surent pas ou ne voulurent pas réagir contre des coutumes barbares, il n'est pas moins évident qu'ils eurent une notion très exacte de certaines règles que devaient observer les belligérants.

DROIT FRANÇAIS

DES
BREVETS D'INVENTION EN FRANCE
ET DANS DIVERS ÉTATS ÉTRANGERS

INTRODUCTION

SECTION I

Historique.

Les premières lois destinées à protéger les inventeurs datent de l'époque où furent supprimés les monopoles qui entravaient la liberté industrielle.

On comprit qu'en permettant à tout individu de produire librement des objets destinés à la vente, il fallait donner aux inventeurs une garantie qui leur permît de profiter de leurs découvertes.

C'est ce qui se produisit en Angleterre et en France. Lorsque Jacques Ier abolit, en 1623, tous les monopoles industriels, il admit une exception en faveur des auteurs de procédés et de produits nouveaux, auxquels il accorda le droit d'obtenir des privilèges de 14 ans, pouvant s'étendre à 21 ans dans certains cas, et portant le nom de *Patentes d'invention*.

Avec le temps, le succès des Anglais frappa toutes les nations industrielles, et le droit des inventeurs fut reconnu et proclamé par les États-Unis dans leur constitution du 17 décembre 1787 ; l'article 1er établit qu'il est nécessaire d'accorder aux auteurs un droit exclusif sur les écrits et sur les découvertes pendant un temps limité, afin d'exciter les progrès des sciences et des arts utiles ; les lois des 10 avril 1790, 21 février 1793, etc., consacrèrent ce principe.

En France, l'Assemblée nationale, après qu'elle eût aboli les privilèges, discuta et vota la loi qui, de 1791 à 1844, a régi la matière. Mais, tandis que le législateur américain faisait reposer le droit des inventeurs sur une sorte de contrat ayant pour objet de favoriser les arts utiles, le législateur français déclarait que ce droit était un droit de propriété ayant son fondement dans la loi naturelle.

« Les découvertes de l'industrie et des arts, disait

Mirabeau, étaient une propriété avant que l'Assemblée nationale l'eût déclaré », et le préambule de la loi était ainsi conçu : « L'Assemblée nationale, considérant que toute idée nouvelle, dont la manifestation ou le développement peut devenir utile à la Société, appartient privativement à celui qui l'a conçue, et que ce serait attaquer les droits de l'homme que de ne pas regarder une découverte industrielle comme la propriété de son auteur ; considérant, en même temps, combien le défaut d'une déclaration positive et authentique de cette vérité peut avoir contribué jusqu'à présent à décourager l'industrie française, en occasionnant l'émigration de plusieurs artistes distingués et en faisant passer à l'étranger un grand nombre d'inventions nouvelles, dont cet empire aurait dû tirer les premiers avantages ; considérant, enfin, que tous les principes de justice, d'ordre public et d'intérêt national lui commandent impérieusement de fixer désormais l'opinion des citoyens français sur ce genre de propriété par une loi qui la consacre et qui la protége, décrète, etc. »

Peu à peu, toutes les nations européennes suivirent ces exemples ; la première loi russe date de 1812, celle de la Prusse date de 1815 ; les Pays-Bas (Belgique et Hollande) promulguèrent la leur le 25 janvier 1817. Toutes ces législations ont été, depuis un demi-siècle, modifiées ou transformées, et les seuls États européens qui, aujourd'hui, ne protégent pas les inventions sont la Hollande, la Suisse (1) et la Serbie.

Les lois les plus récentes sont celles:

Des États-Unis d'Amérique.....	22 juin	1874
De l'Allemagne.................	25 mai	1877
De l'Espagne...................	30 juillet	1878
De la Turquie..................	1er mars	1880
Du grand duché de Luxembourg.	30 juin	1880
Du Vénézuela...................	25 mai	1882
Du Brésil......................	14 octobre	1882
De l'Angleterre................	25 août	1883
De la Suède....................	16 mai	1884
Du Japon	1er juillet	1885

Il existe entre ces lois des différences essentielles, qui eussent été peu remarquées à une époque où la difficulté des communications, jointe aux prohibitions douanières, rendait presque impossibles les rapports de nation à nation, mais qui sont devenues choquantes depuis que la facilité des transports et l'abaissement des tarifs douaniers ont rapproché les producteurs des divers pays.

Il ne suffit plus à un inventeur français d'être protégé en France, il faut encore qu'il le soit en

---

(1) A la date du 16 mars 1888, une dépêche de Berne annonçait que le Conseil national venait de voter la loi relative aux brevets d'invention par 66 voix contre 22.

Angleterre, en Allemagne, etc., s'il veut se prévaloir de son invention sur les marchés anglais, allemands ; il est donc obligé de remplir toutes les formalités prescrites par les lois diverses.

« Sans une loi internationale, a-t-on dit avec raison (1), ou tout au moins sans convention, les meilleures lois nationales sur les brevets perdent une grande partie de leur efficacité ; la plus mauvaise loi internationale serait meilleure que la loi nationale la plus parfaite..... A défaut d'entente entre tous les états, il faudrait chercher à établir au plus tôt une union entre ceux qui voudraient en faire partie. »

Les industriels de tous pays, appelés aujourd'hui à se rencontrer sur les marchés internationaux, ne peuvent lutter qu'à armes égales, il est donc juste de vouloir leur imposer les mêmes règles et les mêmes obligations.

On peut atteindre ce but de deux manières : en soumettant les brevetés au même régime ou en supprimant tous les brevets. C'est ce second système qui fut d'abord proposé.

Au congrès international pour la réforme douanière tenu à Bruxelles en 1856, M. Akersdyck, pro-

---

(1) Note de M. Poirrier, président de la Chambre de commerce de Paris, publiée dans le compte rendu du Congrès de la propriété industrielle tenu à Paris en 1878. — Annexe n° 7.

fesseur à l'université d'Utrecht, déclarait en effet
que, après avoir abattu les barrières qui s'opposaient
au libre-échange des produits du commerce et de
l'industrie, il faudrait supprimer les entraves que
les brevets apportaient à la liberté du travail (1).

Et quelques années après, en 1862, l'Association
internationale pour le progrès des Sciences sociales
fut saisie, au congrès de Bruxelles, d'un mémoire
de M. Macfie, président de la Chambre de commerce
de Liverpool, sur les brevets d'invention considérés
au point de vue international (2). Dans ce mémoire,
redigé sous forme de dialogue entre un économiste
anglais et un ambassadeur japonais, l'auteur insistait sur les entraves que les brevets d'invention
apportaient à la liberté de l'industrie, et sur la
situation d'infériorité où se trouvaient placés les
industriels des pays où des brevets avaient été pris,
vis-à-vis de leurs confrères étrangers (3). Il ne
dissimulait pas que le remède radical consisterait
dans la suppression de tous les brevets ; mais comme
moyen transitoire il proposait une union internationale des brevets d'invention, entre les principaux

---

(1) *Revue de Droit international*, tome I, p. 600 et suiv. (Rolin-
Jacquemyns).

(2) *Annales de l'Association internationale pour le progrès des
Sciences sociales.*

(3) *Revue de Droit international*, tome I, p. 600 et suiv.

états de l'Europe et de l'Amérique. Le but de cette union aurait été de réduire le monopole des inventeurs dans tous les états à une durée de 2 ou 3 ans, et d'établir, au bout de cette période, une espèce d'expropriation pour cause d'utilité sociale.

La même idée fut reprise l'année suivante au congrès de Gand par sir William Armstrong, président de l'Association britannique pour l'avancement de la science, qui proposait de remplacer les brevets par des récompenses pécuniaires accordées aux inventeurs, et se ralliait à la proposition d'une union entre les différents pays pour arriver à l'uniformité de la législation.

A partir de ce moment, les enquêtes se succèdent dans les divers États ; le Gouvernement prussien demande aux Chambres de commerce et aux corporations commerciales du royaume si, « eu égard à l'état actuel de l'industrie, l'esprit d'invention a encore besoin d'être encouragé par la concession de brevets » ; 31 Chambres contre 19 se prononcent pour leur suppression. Le 28 mai 1869 la Chambre des communes (Angleterre) est saisie d'une motion de M. Macfie ainsi conçue : « L'opinion de cette Chambre est que le moment est venu où les intérêts du commerce et de l'industrie ainsi que le progrès des arts et des sciences seraient favorisés par l'abolition des brevets d'invention. »

C'est à cette époque que la Hollande supprime sa loi sur les brevets d'invention.

Quelques années plus tard, les partisans des brevets prennent leur revanche.

En 1872, le Comité d'enquête institué en Angleterre émet en effet l'avis suivant :

« La protection des inventions favorise le progrès de l'industrie, en permettant aux auteurs de découvertes importantes d'arriver plus vite à les appliquer et à les développer, que s'il n'y avait pas de brevets.

« Les récompenses nationales en argent ne remplaceraient pas avantageusement le privilège garanti par le brevet d'invention. »

Mais c'est en 1873 que devait être affirmée de nouveau cette opinion par le Congrès international réuni à Vienne, qui proclama la nécessité d'une entente internationale, et adopta les conclusions suivantes :

« La protection des inventeurs doit être garantie par la législation de tous les peuples civilisés en vertu des motifs suivants :

A. — Parce que le sentiment du droit chez les nations civilisées réclame la protection du travail intellectuel.

B. — Parce que cette protection fournit le seul moyen pratique de porter les idées nouvelles à la connaissance du public sans perte de temps, d'une manière authentique, à la condition que la description des inventions soit publiée d'une manière complète.

E. — Parce que l'on tend à supprimer par la publication le plus grand ennemi du progrès, à savoir : le secret de fabrique.

F. — Parce que l'absence d'un système rationnel de brevets cause de grands dommages à certains pays dont les hommes de talent se rendent dans les États où le travail de l'inventeur trouve une protection légale.

G. — Parce qu'il résulte de l'expérience acquise que le propriétaire d'un brevet s'occupe avec plus de soin que qui que ce soit de la prompte exploitation de son invention. »

L'œuvre ébauchée à cette époque, et qui ne fut pas continuée, fut reprise, en 1878, par le congrès qui s'organisa chez nous, au Trocadéro, au moment de notre Exposition universelle.

Voici quelle fut la composition de ce congrès (1) : Il compta 484 adhérents, dont 107 avocats, jurisconsultes, économistes ou publicistes, 73 ingénieurs

---

(1) Nous empruntons ces renseignements à la brochure, *la Convention internationale, du 20 mars 1883, pour la protection de la propriété industrielle*, par M. Bozérian, sénateur. — Paris, imprimerie Pariset, 1885.

ou solliciteurs de brevets, 304 négociants ou industriels de France, d'Europe et de pays d'outre-mer.

Ajoutons à ce contingent 58 délégués de chambres de commerce, chambres syndicales, tribunaux de commerce, conseils de prudhommes, sociétés savantes ou industrielles.

L'unification, au moins partielle, de la législation en matière de propriété industrielle, était le but indiqué et poursuivi ; aussi le congrès (1), après avoir discuté les clauses d'un traité international, adopta-t-il, dans la séance du 11 septembre, la résolution suivante :

« Il sera créé une commission permanente chargée d'assurer dans les limites du possible la réalisation des propositions adoptées par le congrès de la propriété industrielle.

« Un des buts de cette commission permanente, créée par l'initiative privée, sera d'obtenir de l'un des Gouvernements la réunion d'une conférence internationale officielle à l'effet de déterminer les bases d'une législation uniforme. »

Dès que le travail de la commission permanente fut achevé, le Ministre du commerce invita les puissances étrangères à se réunir à Paris dans une con-

---

(1) Compte rendu *in extenso* de ce congrès. Bibliothèque nationale, 8°, V, 2596. Exposition universelle 1878, 24 de la série — Propriété industrielle.

férence internationale, afin de préparer un traité d'union pour la protection de la propriété industrielle.

Dix-sept puissances ayant accepté cette invitation, cette conférence se réunit au Ministère des affaires étrangères, le 4 novembre 1880 : Les travaux, qui occupèrent onze séances, furent terminés le 20.

Ils aboutirent à un projet de convention, avec protocole, qui fut transmis au Ministère des affaires étrangères.

Le 6 mars 1883, les représentants de dix-neuf puissances se réunirent de nouveau au Ministère des affaires étrangères ; onze d'entre elles déclarèrent adhérer à la convention ; ce furent : la France, la Belgique, le Brésil, l'Espagne, le Guatemala, l'Italie, les Pays-Bas, le Portugal, le Salvador, la Serbie et la Suisse.

Depuis cette époque, la Turquie, la République de Saint-Domingue, la Grande-Bretagne, la Suède, la Norvège et la Tunisie sont entrées dans l'Union ; la République de l'Équateur, qui avait également notifié son adhésion, l'a retirée quelques mois plus tard (1).

Le Sénat et la Chambre des députés ont voté,

____

(1) Voir journal de M. Clunet, 1886, p. 257.

sans débat, le projet de loi portant approbation de cette convention, qui est entrée en vigueur le 7 juillet 1884 (1).

---

(1) Le 31 mai 1887, un journal du matin publiait l'article suivant, sous la rubrique : *La propriété industrielle.*

« La Chambre de commerce de Paris se préoccupe à nouveau de la question de la propriété industrielle au point de vue de la convention internationale du 20 mars 1883, signée avec l'Angleterre, la Belgique, la Suisse, l'Italie, l'Espagne, la Hollande, le Guatemala, le Salvador, le Brésil, la République Dominicaine, la Tunisie, la Suède et la Norvège.

« La section de législation a tenu dernièrement une importante séance à laquelle avait été convoqué M. Louis Donzel, avocat à la Cour, qui a publié, dans le *Journal des procès en contrefaçon*, une série d'articles tendant à démontrer que la dénonciation de la convention est absolument nécessaire, opinion qu'il a pu faire partager à un grand nombre de Chambres de commerce.

«M. Donzel a insisté sur ce que les conférences de Rome avaient, sur certains points, notablement aggravé, au point de vue français. les dispositions dont les Chambres de commerce se plaignaient. Il faut d'autant moins s'en étonner que les débats ont été, en réalité, dirigés par le représentant de l'Allemagne, le docteur Stuve, directeur des brevets à Berlin, qui a signé le protocole, quoique l'Allemagne, n'ayant pas adhéré, n'eût pas le droit de participer aux travaux de la conférence.

« En ce qui concerne les État-Unis, qui viennent de signifier leur adhésion à la Suisse, ils entrent dans l'union en faisant toutes réserves officielles quant à la *constitutionnalité* de l'adhésion du gouvernement fédéral de Washington qui, d'après leur propre aveu, n'a pas le droit de légiférer en matière de marques de fabrique. Cela signifie, d'après M. Louis Donzel, que les citoyens des États-Unis pourront invoquer en France le nouveau régime international de la propriété industrielle, qui leur est très favorable; mais que si les Français invoquent la réciprocité aux États-Unis, on leur opposera le respect de la Constitution, qui s'oppose à ce qu'ils en puissent bénéficier.

« Cette situation, au surplus, n'est pas nouvelle, d'après l'orateur,

M. Bourgeois, député du Jura, dans la séance du 15 juillet 1887, posa au Ministre des affaires étrangères une double question pour obtenir des éclaircissements, sur deux points qui lui paraissaient obscurs.

M. Flourens, ministre des affaires étrangères, répondit :

« L'honorable M. Bourgeois pose au Gouvernement deux questions relativement aux conventions pour la protection de la propriété industrielle.

« La première de ces questions, si je l'ai bien comprise, est celle-ci. Actuellement sommes-nous sous l'empire de la convention de 1883, telle qu'elle se poursuivait et comportait à cette époque, ou sommes-nous sous l'empire de la convention de 1883, modifiée par les articles additionnels adoptés par la conférence de Rome en 1886 ?

« Sur ce point, ma réponse est très simple. Nous sommes sous l'empire exclusif de la convention de

---

qui explique qu'un traité ayant été conclu entre la France et les États-Unis, le 10 juillet 1870, pour la protection réciproque des marques de fabrique, et ratifié par le Congrès fédéral, la Cour suprême de Washington a décidé, le 1er juillet 1879 (au sujet des marques contrefaites de vin de Champagne), que ce traité est inconstitutionnel, le Congrès ayant outrepassé la limite de ses pouvoirs, et qu'il ne peut, en conséquence, produire aucun effet, étant dépourvu de la sanction nécessaire.

1883, telle qu'elle se poursuivait et comportait dans son texte primitif. La réunion des délégués, qui a eu lieu à Rome en 1886, n'avait pas qualité pour procéder à la confection d'un instrument diplomatique; les délégués n'avaient pas de pouvoir pour signer une convention additionnelle. Ils se sont bornés à rédiger un projet de convention additionnelle que, conformément aux traditions diplomatiques, puisque la conférence s'était réunie à Rome, le Gouvernement italien s'est chargé de transmettre aux différents Gouvernements signataires de la convention de 1883, en leur demandant de vouloir bien lui faire savoir s'ils étaient disposés à donner leur adhésion.

« Les négociations se poursuivent en ce moment.

« En ce qui concerne le second point, — l'accession des États-Unis d'Amérique à la convention de 1883, — voici quel est l'état de la question.

« Il est exact que les États-Unis d'Amérique ont fait un acte d'adhésion à la convention de 1883, mais cette accession soulève, à notre sens, des questions qui ne sont pas encore résolues.

. . . .

« L'accession des États-Unis soulève des difficultés qui ne sont pas encore tranchées et qui forment l'objet d'une correspondance diplomatique. »

SECTION II

Constitution des Gouvernements à l'état d'union.

« Il y a divers degrés d'une entente internationale »,
disait un des membres du Congrès de 1878 (1).

« L'idéal, ce serait par exemple, comme en Autri-
« che-Hongrie, les deux États ayant une loi uni-
« forme, une administration concordante, une taxe
« unique; les solliciteurs de brevets, sur une seule
« requête adressée à Vienne, paient la taxe à Vienne
« et reçoivent les brevets en Hongrie.

« Le second degré serait l'uniformité de législa-
« tion, par exemple en Allemagne, en Autriche, on
« a les mêmes lois pour les lettres de change et les
« effets commerciaux.

« Le troisième degré, en descendant, serait une
« entente sur certains points importants, par exem-
« ple, le caractère de nouveauté, la durée du privi-
« lège, le brevet additionnel, etc. »

Il existe même des degrés inférieurs, car les États
peuvent, en conservant leur législation respective,
tomber d'accord sur certaines questions de Droit
international. Nous verrons qu'aux termes de l'art.
4 de la convention signée à Paris en 1883, celui qui

____

(1) M. de Rosas, délégué de l'Autriche. _V._ compte rendu, p. 239.

a fait régulièrement le dépôt d'une demande de brevet d'invention dans l'un des états de l'Union jouit d'un
droit de priorité pour déposer sa demande dans les
autres États, mais cette disposition n'a pas pour
effet l'unification des législations au point de vue de
la nouveauté de l'invention.

Quant à l'Union, qui consiste simplement, pour les
Gouvernements, à accorder à tous les sujets des
États contractants les mêmes droits qu'aux nationaux, elle se conçoit quand il s'agit de marques
de fabrique, par exemple, car avant que la convention fût intervenue, les industriels étrangers à un État
n'étaient pas admis à invoquer sa loi ; mais elle est
inutile en notre matière, les brevets d'invention
étant accordés chez toutes les nations, aux inventeurs,
quelle que soit leur nationalité.

Les deux premiers degrés sont très rapprochés
l'un de l'autre et fort difficiles à atteindre, à cause
des différences profondes qui séparent actuellement
les lois relatives aux brevets, dans les divers pays.
Comment arriver à fondre en une seule toutes ces
lois diverses qui offrent tant de points de contact
avec le Droit civil, avec le Droit commercial, avec
le Droit pénal? « Il ne faut pas espérer (1), dans
l'état actuel des choses, arriver à avoir dans tous

____

(1) M. Ch. Lyon-Caen au congrès de Paris, 1878, page 139.

les pays des lois sur la propriété industrielle qui soient communes sur tous les points : c'est une utopie. Ce qu'on peut espérer seulement, c'est que les nations s'entendent pour avoir des lois communes sur les points principaux..... »

Quels sont ces points et à quelles conditions un accord peut-il intervenir? Telles sont les questions qu'il importe de résoudre.

Mais leur solution dépend de la connaissance approfondie des législations étrangères, qu'il faut rapprocher les unes des autres, afin de déterminer celles de leurs dispositions qui peuvent être conservées et celles qui doivent être écartées. On doit se souvenir que c'est par des concessions réciproques que les États pourront fonder l'union souhaitée, de laquelle on ne peut attendre que fort peu de chose au début, les points communs étant rares et les sacrifices consentis pas les États signataires de la convention devant s'apercevoir beaucoup plus que les avantages acquis ou même espérés.

Dans cette étude nous rapprocherons de la législation française les lois allemande, anglaise et américaine, qui peuvent être, sous certains rapports, considérées comme des lois types. Nous ferons connaître au sujet des questions principales l'opinion des jurisconsultes et des publicistes, qui ont eu l'occasion d'apprécier ces lois dans les congrès divers,

et nous présenterons un exposé rapide de la convention conclue à Paris, le 20 mars 1883, quand
nous rencontrerons des questions qui y sont résolues.

Nous étudierons :

La nature du droit de l'inventeur,

Les caractères que présente l'invention brevetable,

Les formalités et les conditions relatives à la délivrance des brevets,

Les droits que confère le brevet,

Les nullités et les déchéances auxquelles il est
exposé.

CHAPITRE PREMIER

NATURE DU DROIT DE L'INVENTEUR

Le législateur de 1791 n'avait pas hésité à proclamer que l'inventeur a sur sa découverte un véritable
droit de propriété ; les Anglais et les Américains
s'étaient contentés de reconnaître la nécessité d'une
protection afin d'exciter les progrès des sciences et
des arts utiles sans étudier philosophiquement le
fondement du privilège qu'il s'agissait d'établir.

En 1843, le Ministre du commerce, exposant les
motifs du projet de loi soumis à la Chambre des
pairs, crut devoir imiter cet exemple. « Heureuse-
ment, disait-il, nous n'avions pas à vous déférer une
question de pure métaphysique ; et nous ne pouvions
oublier que les sociétés qui s'éclairent et s'amélio-
rent par les discussions philosophiques ne se gou-
vernent pas par des principes absolus et vivent de la
réalité des faits. »

Durant de longues années, on put s'imaginer que
cette question ne présentait aucun intérêt pratique,
et que sa solution importait peu au législateur ; mais
il s'est trouvé que des lois récentes ont, par la créa-

tion de ce qu'on est convenu d'appeler les licences obligatoires, apporté au privilège de l'inventeur des restrictions qui paraissent inconciliables avec l'idée de propriété, et le problème a été posé de nouveau.

« L'invention, disent les uns (1), n'est pas une propriété ; si elle en était une, il faudrait nécessairement lui reconnaître le même caractère de perpétuité que la loi reconnaît à la propriété immobilière et mobilière.

« Celui qui invente n'a pas créé une propriété proprement dite ; car, comment cette invention serait-elle plutôt une propriété que celle de celui qui fera l'invention un peu plus tard, ou de celui qui, l'ayant faite plus tôt, ne l'aura pas déclarée ?

« La loi sur les brevets n'est pas destinée à reconnaître un droit de priorité ; elle est simplement déstinée à protéger la priorité de l'invention. »

Leurs adversaires de répliquer : « Le droit des inventeurs est un droit de propriété qui a son fondement dans la loi naturelle ; la loi civile ne le crée pas, elle ne fait que le réglementer (2). »

Il est clair que pour ceux qui, avec Bentham,

---

(1) Rapport de la section centrale de la Chambre des députés du grand duché de Luxembourg. Loi du 30 juin 1880. *Annuaire de legislation étrangère*, 1881, pag. 409. Traduction de M. Ch. Lyon-Caen.

(2) Proposition de MM. Pouillet, Droz, etc., au Congrès international de Paris 1878. Compte rendu, pag. 113 et suivante.

disent catégoriquement qu'il n'y a point de propriété
naturelle et que la propriété est uniquement
l'ouvrage de la loi, la question que nous indiquons
ne peut pas se poser. Nous croyons que les partisans du premier système ne partent pas de ce principe; ils admettent qu'un champ ou qu'une maison
peut être l'objet d'un droit de propriété, non pas
seulement au regard de la loi civile, mais encore
au regard de la loi naturelle; mais ils ne croient
pas pouvoir donner la même solution, quand il s'a-
git d'une œuvre de l'esprit, telle qu'une invention.

Quel est donc le fondement de toute propriété?
Le travail (1).

On a dit avec raison : « La propriété individuelle
est la manifestation et en quelque sorte la projec-
tion de la personnalité humaine dans le domaine
matériel des choses (2); » et nous pouvons ajouter
avec Portalis :

« Le principe de ce droit est en nous..... C'est
par notre industrie que nous avons conquis le sol
sur lequel nous existons; c'est par elle que nous
avons rendu la terre plus habitable. La tâche de
l'homme était pour ainsi dire d'achever le grand
acte de la création. »

---

(1) Cauwès, t. II, page 78.
(2) Ahrens, *Cours de Droit naturel*, tome II, page 119.

Sans vouloir prétendre que l'inventeur crée l'objet nouveau dont il dote la Société, nous pouvons dire que nul travail ne ressemble plus que le sien à une création, et que, par là même, aucun autre n'est plus capable d'engendrer un droit de propriété.

Si l'inventeur se contentait d'indiquer les principes nouveaux dont ses investigations lui ont révélé l'existence, il ne pourrait prétendre à aucun privilège, car son œuvre serait seulement celle du savant qui met au jour des vérités existantes bien qu'inaperçues ; or la vérité doit être considérée comme un bien non susceptible d'appropriation ; mais l'inventeur fait autre chose : il matérialise, pour ainsi dire, la pensée ; il lui donne un corps, et on ne saurait rien imaginer de plus personnel que l'œuvre qu'il réalise.

S'il prétendait se faire attribuer la partie du domaine intellectuel qu'il a explorée, on pourrait à bon droit trouver sa demande exorbitante ; mais sa revendication est légitime quand il ne la fait porter que sur l'objet déterminé qui n'existerait pas sans lui.

Celui qui a combiné les organes d'une machine a, de l'aveu de tous, un droit absolu sur sa conception, qu'il peut modifier à son gré ; quand l'appareil qu'il a rêvé est construit, il reste encore le maître de le perfectionner ou de le détruire ; s'il lui plaît d'en

user en secret, le Code pénal lui accorde protection
en punissant de la peine de l'emprisonnement ceux
de ses employés qui auraient communiqué ou tenté
de communiquer ce qu'il ne veut pas révéler au
public.

L'inventeur peut donc garder le secret sur les
moyens qu'il emploie et conserver indéfiniment le
bénéfice de ses découvertes, et s'il peut disposer à
son gré de son invention, aussi longtemps qu'elle
reste à l'état de projet, il peut encore en tirer le
parti qui lui semble le meilleur quand il l'a réalisée.

Mais, dit-on, l'objet du droit de propriété ne peut
être qu'une chose corporelle, et, à l'appui de cette
opinion, on cite quelques articles du Code civil qui
paraissent en effet favorables au système de ceux qui
les invoquent.

Cet argument nous semble quelque peu spécieux ;
nous le comprendrions à merveille s'il était démontré
que le Code civil, et d'une façon plus générale la loi
positive, est l'expression exacte de la loi naturelle ;
mais cette démonstration n'est pas faite par ceux qui
prétendent que l'objet de la propriété doit être une
chose matérielle. On pourrait d'ailleurs leur rappeler
que, dans l'ancien droit, les inventeurs obtenaient
des « *privilèges fondés en justice* », que les lois révo-
lutionnaires, se conformant à cette manière de voir,
déclarèrent expressément que le droit de l'inventeur

était un droit de propriété, et que les lois destinées à réglementer les droits de l'auteur sur son œuvre (artistique, littéraire ou industrielle) ont successivement augmenté les prérogatives dont il jouit.

S'il est vrai que la loi positive ne reconnaisse pas aujourd'hui à l'inventeur un droit de propriété sur son invention, cela prouve simplement qu'il est nécessaire de la modifier, si l'on veut qu'elle soit l'expression fidèle de la loi naturelle.

Nous ne nous arrêterons pas davantage à l'objection tirée de ce fait que, à la différence du propriétaire d'un champ qui le possède à perpétuité par lui-même ou par ses ayants droit, l'auteur d'une découverte n'obtient qu'une concession temporaire.

Si on établissait qu'il est impossible de concevoir que le droit résultant de l'invention fût perpétuel, on pourrait seulement en conclure qu'une des conséquences naturelles du droit de propriété n'est pas susceptible de se produire dans l'hypothèse qui nous occupe ; on n'apporte même pas cette preuve, car on comprend sans peine qu'une loi puisse conférer à l'auteur d'une découverte la faculté de s'en prévaloir indéfiniment, puisqu'il est admis sans conteste que la possession du secret de fabrique est perpétuelle.

Est-ce à dire qu'un monopole perpétuel, qu'il serait possible de créer au profit de l'inventeur, doive lui être accordé si on se range à l'opinion que nous adoptons ? Nullement.

La loi positive peut, dans l'intérêt général, apporter à la jouissance des particuliers des restrictions plus ou moins étendues : c'est ainsi que l'expropriation pour cause d'utilité publique est une menace permanente suspendue sur la tête de celui qui possède un immeuble.

Quand il s'agit d'une invention, l'expropriation, au lieu d'être une mesure exceptionnelle, devient la règle, et il est facile d'en indiquer les motifs ; dans toutes les branches des connaissances humaines, les progrès procèdent les uns des autres, et on peut appliquer la maxime : *natura non facit saltus ;* l'auteur d'une découverte ne réclame, il est vrai, que la chose nouvelle qu'il n'avait pas trouvée dans le domaine public et qu'il consent à y mettre ; sa prétention n'a pas plus d'étendue que le service qu'il a rendu ; mais il a tiré parti des travaux précédemment faits, et il est équitable de permettre à ceux qui viennent après lui de profiter des siens. Il pourrait, à la vérité, s'il ne réclamait pas de la loi une protection spéciale, jouir indéfiniment de sa création ; mais il accepte volontairement une réglementation s'il demande à bénéficier de certains avantages spéciaux, tels que les garanties qui lui sont données contre les découvertes identiques et postérieures à la sienne.

Toutefois, si nous admettons sans peine la limitation du droit quant à sa durée, nous ne l'admettons pas quand elle a pour résultat de porter atteinte à la faculté d'user seul et de tirer tout le profit possible de la découverte durant un certain laps de temps.

Nous nous sommes efforcé d'établir que le travail étant le fondement de toute propriété, l'invention devait être par excellence considérée comme la propriété de l'inventeur, et nous croyons qu'il n'y a pas de bonne raison pour concéder à des tiers la faculté de se faire accorder ce que certaines lois modernes appellent des licences obligatoires (1).

C'est en vain qu'on fait valoir des raisons tirées de l'intérêt industriel ; nous croyons que l'industrie ne peut se plaindre de l'existence d'un monopole temporaire constitué au profit de l'auteur d'une découverte; aucun des biens qui lui appartenaient ne lui a été enlevé; elle est aussi riche que la veille; s'il est vrai que l'inventeur n'a rien fait d'utile, elle peut s'en tenir à ce qu'elle connaissait ; si, au contraire, l'objet nouveau a une importance considérable au point de vue industriel, il est juste de ne pas en

---

(1) Nous étudierons le régime des licences obligatoires en traitant des droits conférés au breveté.

dépouiller celui qui l'a produit pour la première fois.

On prétend, il est vrai, que l'inventeur ne rend pas un service aussi grand qu'on le pourrait croire au premier abord, qu'il ne fait que devancer ses émules et ses concurrents de quelques années ou même de quelques mois, et qu'il ne peut raisonnablement confisquer à son profit une invention qu'un autre eût faite à sa place, parce qu'on peut la considérer comme préparée par les efforts communs des savants et des travailleurs ;

Mais on peut rappeler à bon droit les paroles de Biot : « Rien n'est plus clair que ce qu'on a trouvé hier, rien n'est plus difficile à voir que ce qu'on trouvera demain. »

Le droit des inventeurs est un droit de propriété qui a son fondement dans la loi naturelle ; on concevrait qu'il fût perpétuel, mais il y a des motifs sérieux d'en limiter l'exercice à un certain nombre d'années ; telles sont les conclusions auxquelles nous sommes arrivé.

Nous avons par là même repoussé l'opinion de ceux qui veulent que la perpétuité soit une conséquence nécessaire de l'idée de propriété, et aussi celle que consacrent certaines lois, qui ne tiennent compte que de l'opportunité de la protection, sans rechercher si elle est conforme au Droit.

« Les brevets, se demandait le législateur allemand (1), sont-ils véritablement, pour le développement de l'industrie, d'une aussi grande importance
qu'on l'admet généralement aujourd'hui ?

« C'est là une question à laquelle on peut se dispenser de répondre, alors même qu'on ne consi-
dèrerait pas cette question comme résolue par l'o-
pinion publique ; la nécessité de la réglementation
de la matière pour toute l'Allemagne doit paraître
d'autant moins douteuse que les grands États industriels de l'Europe sont moins disposés à renoncer à
l'institution des brevets.

« L'Allemagne, résolue à les supprimer, serait
sans doute prête à précéder les autres États dans
cette voie, si elle pouvait espérer y être suivie par
eux.

« Il est plus que douteux qu'il fût prudent, même
possible, de faire un tel pas, alors que l'isolement
de l'Allemagne pendant de longues années serait
certain. »

Qu'importe, nous dira-t-on, le motif qui guide le
législateur ; qu'il s'inspire de la loi naturelle ou
bien de l'intérêt des sociétés désireuses de mettre

----

(1) Exposé des motifs de la loi nouvelle. *Bulletin de législation
comparée*, 1878, p. 103.

en honneur le travail et de le rendre fécond ; s'il accorde un privilège à l'auteur d'une découverte, c'est tout ce que l'on peut exiger de lui.

Ce raisonnement, qu'on pouvait admettre il y a un demi-siècle sans trop d'inconvénients, doit être repoussé aujourd'hui, car l'expérience nous prouve que l'étendue du droit concédé à l'inventeur dépend de l'idée qu'on se fait de l'origine de ce droit.

A ceux qui ne voient dans la protection des inventions brevetables qu'un moyen de favoriser les arts utiles, il peut paraître équitable de faire consister cette protection dans la faculté pour le breveté de tirer un bénéfice pécuniaire de son invention ; à ceux au contraire qui font dériver les prérogatives du breveté de l'idée qu'il a, sur l'objet par lui découvert, un droit absolu et sans limite, il semble juste de faire consister la protection dans la concession d'un monopole exclusif et temporaire.

La loi allemande, dont nous avons cité l'Exposé des motifs, peut être invoquée à l'appui de notre affirmation ; elle laisse de côté la question purement métaphysique, au dire de certaines personnes, de savoir quelle est la nature du droit des inventeurs ; elle se contente d'invoquer l'utilité pratique, et elle arrive à permettre à toute personne d'exiger du breveté une licence permettant d'exploiter la découverte ; la rémunération pécuniaire est considérée comme suffisante pour reconnaître les services de l'inventeur.

La loi anglaise part du même principe et consacre les mêmes conséquences.

En France, au contraire, où les traditions sont celles que nous avons rappelées, on considère, avec raison selon nous, que la découverte, étant le fruit du travail personnel de son auteur, doit lui appartenir à l'exclusion de tout autre, et on lui accorde un droit exclusif temporaire, qui a l'avantage de satisfaire ses légitimes espérances aussi bien que l'intérêt social.

« L'inventeur commence par jouir exclusivement ; mais, au bout d'un temps déterminé, l'œuvre revient au domaine public, de manière à laisser aux inventeurs de l'avenir la possibilité de faire progresser l'industrie à leur tour, en leur permettant des appropriations successives, dont chacune n'est exclusive que momentanément, et qui retournent après chaque période au fonds commun pour se trouver soumises à de nouvelles combinaisons et à de nouvelles appropriations (1). »

***

(1) Rapport présenté au nom de la section des brevets d'invention par M. Emile Barrault. Congrès de 1878, Paris, p. 38.

CHAPITRE II

SECTION I

Invention nouvelle.

La première condition pour qu'un objet soit brevetable est qu'il constitue, au regard de la Société, une nouvelle création.

C'est en vain que, sans avoir recours aux travaux déjà connus, une personne arriverait par elle-même à produire une chose dont elle ignorerait l'existence ; elle ne pourrait prétendre aux privilèges accordés à l'inventeur, si la Société était déjà pourvue de ce dont elle prétendrait la doter.

Pour acquérir par le travail un droit de propriété sur un objet, il faut que personne ne se le soit approprié ; nous écartons ainsi de la classe des choses brevetables toutes les découvertes ou inventions qui ont été revendiquées déjà par des particuliers ou qui sont acquises au domaine public.

Nous employons indifféremment les mots *invention* et *découverte*, bien qu'ils n'aient pas le même

sens grammatical ; celle-là produit en effet quelque
chose qui n'existait pas auparavant, tandis que celle-
ci met en lumière une chose existante, mais non
encore observée (1) ; mais la confusion que nous faisons n'a pas d'inconvénient, car la plupart des lois
et presque tous les auteurs la commettent sans
scrupule ; nous devons signaler toutefois la loi
autrichienne qui a consacré la distinction que nous
venons de rappeler (loi de 1852, art. 1er).

SECTION II

Caractère industriel des inventions.

Il ne suffit pas, pour qu'elle soit brevetable,
qu'une invention soit nouvelle, il faut encore qu'elle
se rattache à l'industrie et qu'elle soit susceptible
de donner un résultat industriel en augmentant la
somme des avantages auxquels on peut arriver dans
un genre de fabrication ; les productions de l'esprit
la composition des beaux arts, qu'il s'agisse d'un

---

(1) « L'invention produit quelque chose qui n'existait pas auparavant : la découverte met en lumière quelque chose qui existait,
mais qui, jusqu'alors, avait échappé à l'observation. Otto de Gerike
et Sanctorius ont inventé l'un la pompe pneumatique, l'autre le ther-
momètre ; Newton et Gregory ont inventé le télescope à reflexion ;
Galilée a découvert les taches du soleil ; Harvey a découvert la circulation du sang. » — Dugald-Stewart, cité par Renouard, *Des
brevets d'invention,* page 237.

tableau, d'une statue, d'une œuvre musicale, d'un poème ou d'une histoire, supposent souvent le génie de l'invention et assurent à leur auteur une protection ; mais elle n'a ni la même durée, ni le même point de départ, ni les mêmes conséquences que celle que nous étudions ; nous en dirons autant des marques de commerce, des dessins et des modèles de fabrique qui n'augmentent pas les richesses industrielles dont la Société peut avoir intérêt à s'assurer la jouissance.

Quant aux savants qui ouvrent à l'esprit des horizons nouveaux, et qui font apparaître des vérités jusque-là ignorées, la gloire est leur unique récompense s'ils n'obtiennent pas un résultat matériel et vénal.

Le rapporteur de la loi de 1844 disait avec raison : « La loi est faite dans l'intérêt de l'industrie et non dans l'intérêt de la science. Son domaine est dans la région des faits, non dans celle des abstractions. Elle ne peut et ne doit s'appliquer qu'à un objet matériel, saisissable, transmissible, ou à un procédé applicable, déterminé, conduisant à un résultat industriel quelconque (1). »

Deux sortes de découvertes sont par là même écartées : tout d'abord celles qui sont purement

____

(1) Huard, page 239.

scientifiques, les découvertes de produits ou de forces naturels connus, les nouvelles méthodes (1) et les combinaisons de nouveaux plans en matière commerciale; et ensuite les inventions dont l'exécution n'est pas possible, car il importe, pour la validité du brevet, que l'application industrielle indiquée par le breveté soit réalisable par les moyens qu'il spécifie.

Les lois des divers États consacrent toutes ces principes, et admettent, avec la loi française du 5 juillet 1844, que « *Toute découverte ou invention* dans *tous les genres d'industrie* confère à son auteur le droit de demander un brevet » (art. 1ᵉʳ). Elles admettent également que « si la découverte, invention ou application *n'est pas nouvelle* », le brevet devra être annulé, de même que s'il porte sur « des principes, méthodes, systèmes, découvertes et conceptions théoriques ou purement scientifiques, dont on n'a pas indiqué les applications industrielles » (art. 30, par. 1 et 3).

---

(1) Les tribunaux ont eu à juger de nombreuses contestations qui s'étaient élevées au sujet de brevets pris et vendus pour des procédés de calligraphie appropriés à l'enseignement de l'écriture, et pour des méthodes qui s'adressaient uniquement à l'intelligence comme une méthode de lecture. Ces brevets ont été annulés, notamment comme s'appliquant, non à certains objets matériels, mais à des travaux de l'entendement et à l'exercice de l'intelligence. — Grenoble, 24 décembre 1842, et Rej. 22 août 1844. Laffare Roujat. (Dall., v° *Brevet d'invention*, n° 82.)

Mais l'accord cesse quand il s'agit de définir ce qu'est l'invention ou la découverte, de déterminer les caractères qui constituent la nouveauté et d'énumérer les objets qui ne peuvent être brevetés.

SECTION III

Inventions ou découvertes nouvelles.

Seront considérées comme inventions ou découvertes nouvelles, dit l'article 2 de la loi française (1) :

L'invention de nouveaux produits industriels ;

L'invention de nouveaux moyens, ou l'application nouvelle de moyens connus, pour l'obtention d'un résultat ou d'un produit industriel.

---

(1) Nous trouvons la même énumération dans un certain nombre de lois récemment promulguées.

Celles d'Autriche et d'Italie contiennent une définition.

Turquie, 18 février 1879. L'article 2 de la loi française est reproduit textuellement.

Suède, 16 mai 1884. Art. 1er : « Il peut être accordé des brevets pour de nouvelles inventions de produits industriels ou de nouveaux procédés pour la fabrication de ces produits. »

Brésil, 14 octobre 1882. Art. Ier, section 1re : « Est considérée invention ou découverte : 1° l'invention de nouveaux produits industriels ; 2° l'invention de nouveaux procédés ou une nouvelle application de procédés connus pour obtenir un produit ou un résultat industriel. »

Uruguay, 13 novembre 1885. L'art. 4 contient les mêmes dispositions.

République Argentine, 11 octobre 1864. Mêmes dispositions.

Une objection se présente naturellement à l'esprit ; on peut se demander s'il n'est pas dangereux de vouloir classer par avance des choses qui n'acquerront une existence légale qu'à la condition d'être nouvelles ; ne vaudrait-il pas mieux laisser à la jurisprudence et à la doctrine le soin de fixer le sens des mots qu'on veut définir, et ne conviendrait-il pas de donner au juge une complète liberté d'appréciation ?

Le législateur allemand de 1877 (1), touché de ces considérations, s'est contenté d'énoncer le principe suivant.

Art 1er. — Des brevets sont délivrés pour les inventions nouvelles qui sont susceptibles d'une exploitation industrielle (2).

Il paraît ainsi éviter le reproche que nous formulions plus haut ; mais ce reproche est-il fondé ? Nous ne le croyons pas. L'expérience a démontré, en effet, et tous les solliciteurs de brevets sont unanimes à le proclamer, qu'il est impossible de concevoir un objet brevetable, de quelque nature qu'il soit, qui

---

(1) Loi du 25 mai 1877 sur les brevets d'invention dans l'empire d'Allemagne, traduite et annotée par M. Ch. Lyon-Caen.

(2) La loi belge du 24 mai 1854 contient une disposition analogue. L'art. 1er du décret promulgué le 29 octobre 1886 et destiné à organiser le régime des brevets d'invention au Congo est ainsi conçu :

« Est brevetable toute découverte, tout perfectionnement susceptible d'être exploité comme objet d'industrie ou de commerce. »

ne rentre pas dans l'une des classes énumérées par la loi française. Si cette affirmation est exacte, on conçoit sans peine que la méthode adoptée par les législations française, espagnole, italienne, brésilienne et autres analogues, offre des avantages incontestables, car elle permet de rapporter toutes les découvertes à des types déterminés.

L'association allemande pour les brevets d'invention avait proposé de mentionner comme objets brevetables les produits de l'industrie, les procédés destinés à les obtenir, les machines, outils et instruments : le rapporteur de la loi de 1877 déclara qu'on avait laissé de côté cette énumération comme inutile et susceptible de faire naître des difficultés. — Mais c'est précisément parce qu'il est difficile de donner de bonnes définitions qu'on doit être heureux d'user de celles qui existent quand elles sont claires et complètes.

A cette question que fait naître la lecture de l'article 1er de la loi allemande : Qu'est-ce qu'une invention ? il est impossible de répondre d'une façon plus exacte que ne le fait notre loi.

Toute découverte industrielle a en effet pour conséquence de créer un produit nouveau ou de faire obtenir un résultat par des moyens nouveaux, ou par une combinaison nouvelle de moyens déjà connus.

En lui-même, et indépendamment du moyen qui le produit, le résultat n'est pas brevetable, car il ne se présente pas sous la forme d'un corps défini et déterminé, il ne peut faire l'objet d'une appropriation.

« Il y a résultat, disent MM. Picard et Olin (1), quand on amène un simple état de choses exclusif, dans son ensemble, de toute idée d'un corps certain, comme, par exemple, quand on rend un produit meilleur marché, quand on le multiplie, quand, tout en ne modifiant en rien les éléments fondamentaux de sa nature, on l'empêche de subir une altération, on y ajoute ou l'on y retranche une propriété secondaire.

M. Pouillet, après avoir rappelé cette définition, ajoute (n° 26) : « Le résultat, c'est le problème dont chacun a le droit de chercher la solution ; la solution seule appartient à celui qui l'a trouvée. »

Il est clair que dans la plupart des cas le résultat nouveau impliquera l'existence d'un corps certain, d'un objet matériel jusque-là inconnu ; mais alors ce sera le corps certain, l'objet matériel, le moyen à l'aide desquels on a obtenu un avantage industriel qui seront brevetables.

Il a été jugé avec raison que s'il était possible

---

(1) Picard et Olin, n° 60.

d'obtenir un brevet pour un système destiné à tenir les chapeaux à flexion ouverts ou fermés à volonté, il n'en pouvait résulter, pour d'autres fabricants, l'interdiction d'arriver au même résultat par des moyens nouveaux, parce que les lois sur les brevets d'invention ne protègent les idées nouvelles, qu'autant qu'elles sont réalisées et mises en œuvre par des moyens et procédés susceptibles d'être décrits dans la spécification qui doit être jointe à la demande du brevet (1).

Le résultat considéré en lui-même, quelle que soit sa nouveauté, n'est pas une invention; c'est la manifestation de la découverte, c'est l'indication des avantages qu'elle est susceptible de procurer; il lui manque, pour être brevetable, de remplir une condition essentielle « d'être un corps certain, déterminé. » C'est donc à bon droit que l'article 2 ne l'énumère pas parmi les objets susceptibles d'être brevetés. Mais la solution est différente quand il s'agit de produits ou de moyens industriels.

§ 1. — *Produits industriels.*

La découverte la plus sensible, la plus palpable, est celle qui a pour conséquence de jeter dans la

---

(1) Cassat. Rej. 26 mars 1846; Dalloz, 46, 4, 46. — *Voir* sur le même sujet M. Pouillet, n°⁵ 26 et 27; — Renouard, *Brevets d'invention*, p. 273; — M. Allard, *Inventions brevetables.*

circulation un objet matériel ayant une forme, des caractères spéciaux, qui le distinguent de tous les autres.

Celui qui livra le premier au commerce la bougie perforée de trous dans sa longueur, en vue de remédier au coulage, put à bon droit se faire délivrer un brevet (1), car il procurait un avantage incontestable aux consommateurs, et il lui était facile de se faire attribuer la fabrication unique du corps certain et déterminé qu'il venait de créer.

Quelle est, dans ce cas, la conséquence de la concession du monopole ? C'est que le breveté aura seul le droit de fabriquer les bougies perforées de trous dans la longueur ; c'est en vain que d'autres industriels prétendraient employer, pour produire des objets semblables, des moyens tout différents de ceux dont il fait usage, ils commettraient le délit de contrefaçon, car le produit breveté n'est pas dans le commerce au point de vue de la fabrication.

Produits naturels. — On s'est demandé si un produit de la nature était brevetable, et on a généralement résolu la question négativement.

« Pour notre part, dit M. Pouillet, il nous répugne d'admettre qu'un produit naturel puisse être confisqué au profit de celui qui aura eu la chance

----

(1) Paris, 13 avril 1868, Viol et Duflot ; — Pataille, 68-134.

de le rencontrer d'abord, quelque mérite qu'il ait eu du reste à en discerner le premier les caractères, à en reconnaître avant tous l'existence. »

Cette théorie est de tous points exacte, et l'auteur de la découverte serait mal venu à se plaindre, car il ne fait que mettre au jour une chose déjà existante et à la création de laquelle il n'a pas contribué.

Ce n'est pas à dire toutefois qu'on ne puisse obtenir un brevet à l'occasion d'un produit analogue à celui que la nature peut fournir. On conçoit en effet que si un industriel ne peut se faire concéder un monople pour la production des diamants par exemple, il lui serait au contraire parfaitement possible d'obtenir un brevet pour un moyen à l'aide duquel on pourrait transformer le charbon pur en diamant; car ce qui serait breveté, ce ne serait pas le produit lui-même, mais le moyen de l'obtenir. — Après avoir décidé qu'un produit naturel n'était pas brevetable, M. Pouillet se demande s'il en est de même de ses applications.

« Y aurait-il invention, dans le sens de la loi, à découvrir les propriétés fertilisantes du phosphate de chaux, à l'utiliser pour la première fois comme engrais? Le doute vient de ce que cet emploi dérive de la nature même du corps et se produit spontanément; dès lors, en effet, ne peut-on pas dire que le corps appartient au domaine public avec toutes ses propriétés, toutes ses applications ? Nous ne saurions aller jusque-là et nous pensons que l'observation des propriétés d'un produit naturel, leur utilisation en vue d'un résultat industriel déterminé sont de nature à constituer une découverte brevetable. »

Cette opinion peut paraître inadmissible au premier abord ; tout le monde admet que le résultat industriel ne peut faire l'objet d'un brevet, parce qu'il ne se présente pas sous la forme d'un corps certain et déterminé; dès lors, on peut soutenir avec quelque apparence de raison que le simple fait d'indiquer les avantages d'une chose non brevetable ne donne pas le droit de réclamer un privilège. Quel en serait l'objet? L'emploi exclusif du produit naturel? mais il est dans le domaine public. L'expérimentateur qui indique la somme des avantages auxquels on peut arriver en faisant usage du phosphate de chaux ne crée rien, il observe un phénomène naturel qui se produit en dehors de lui, sans son intervention, et il ne saurait en aucune manière monopoliser le bénéfice de son observation.

On peut croire qu'admettre la solution contraire, c'est permettre indirectement d'enlever à la Société, puisqu'on l'empêche de s'en servir, le produit naturel auquel elle a le droit. Néanmoins, nous adoptons la conclusion de M. Pouillet, parce que la découverte des propriétés d'un corps déjà tombé dans le domaine public peut être considérée comme une application nouvelle d'un moyen connu, toutes les fois que la propriété signalée est de nature à amener un résultat différent de celui qui avait été produit jusque-là.

§ 2. — *Moyens nouveaux.*

A la différence de l'invention de produits nouveaux, qui augmente le nombre des choses matérielles, ayant en elles-mêmes une valeur et que l'industrie peut employer et le commerce livrer à la consommation, l'invention de moyens nouveaux procure seulement la faculté de produire soit des objets nouveaux, soit des objets déjà connus.

Quand l'article 2 de la loi de 1844 fut discuté, l'un des orateurs, M. Delespaul, demanda que le mot *agents* figurât à côté du mot *moyens* qui ne lui paraissait pas suffisant. Il s'exprimait ainsi : « Qui dit agents dit principes, éléments, substances ou matières connues. La plupart des innovations ne sont autre chose que des applications nouvelles de principes, d'agents, d'éléments, de substances naturelles, combinés, élaborés par l'homme de manière à faire obtenir des produits, des résultats (nouveaux). Les moyens (connus) ne paraissent pas embrasser tout cela dans leur généralité (1). »

Ces craintes n'étaient pas fondées, car la jurisprudence et la doctrine n'hésitent pas à entendre par *moyens* les agents, les organes ou les procédés qui mènent à l'obtention soit d'un résultat, soit d'un produit.

« Les agents, dit M. Pouillet, sont plus spécialement les moyens chimiques ; les organes sont plus spécialement les moyens mécaniques ; les procédés sont les façons diverses de mettre en œuvre et de combiner les moyens soit chimiques, soit mécaniques » (n° 28).

Le produit ou le résultat obtenu n'est pas nouveau ; néanmoins la Société tire un avantage de la création, car elle acquiert des agents de production.

On conçoit facilement que la découverte de moyens nouveaux puisse coïncider avec l'invention de produits nouveaux, mais alors il importe de distinguer soigneusement les éléments de la découverte et de les faire breveter séparément. Il y aurait, il est vrai, peu d'inconvénients à négliger de revendiquer l'emploi exclusif d'un procédé, si on obtenait un brevet

---

(1) M. Delespaul fit cette objection à propos de la brevetabilité des moyens *connus*, nous estimons qu'elle s'applique aussi bien aux moyens nouveaux, car elle porte sur le sens du mot *moyen*. —V. Dalloz, Répert., v° *Brevets d'invention*, n° 45.

pour le produit auquel il a donné naissance, car
nous savons que la concession du monopole interdit
à toute personne de fabriquer le même objet, de
quelque manière que ce soit; mais la situation chan-
gerait, si on se contentait de faire breveter le moyen
à l'aide duquel on obtient une chose nouvelle, sans
se faire accorder le privilège exclusif de produire
cette chose; dans ce cas, en effet, le produit pourrait
être librement fabriqué, et il suffirait qu'un concurrent découvrît une manière nouvelle de l'obtenir
pour que l'inventeur fût indirectement dépos-
sédé.

Cette différence entre les conséquences produites
par le brevet dans l'un et l'autre cas est naturelle;
le produit industriel a une forme, des caractères
spéciaux, il a une valeur propre, et si la protection
accordée à l'inventeur ne lui assurait pas un monopole exclusif, des objets identiques, ayant les mêmes
formes, la même valeur, pourraient être fabriqués
par d'autres personnes; le moyen industriel, au contraire, n'a pas une existence indépendante, et, pour
employer les expressions de M. Allart, « il faut pour
le rendre efficace, pour l'animer, lui faire jouer un
certain rôle, lui faire produire un résultat déterminé » ; il s'ensuit que si le même rôle peut être
joué, le même résultat produit d'une façon différente, le titulaire du brevet sera tout naturellement

privé des avantages qu'il pouvait espérer tirer de sa création.

Étendue du brevet. — Quelle est l'étendue d'un brevet pris pour des moyens nouveaux ? Nous avons dit que le brevet n'avait pas pour effet de permettre à celui qui l'avait obtenu de confisquer le résultat ou de fabriquer exclusivement le produit, mais dans quelles limites l'auteur de la découverte peut-il se prévaloir du droit d'employer le moyen qu'il a fait breveter ? Le brevet garantit à l'inventeur l'emploi exclusif des moyens par lui découverts, pour tous les moyens qu'il a expressément indiqués dans sa revendication, et pour toutes les applications qui découlent naturellement de l'emploi du procédé.

Étendre la protection au delà de ces limites, ce serait dépasser les bornes posées par le législateur lui-même ; car il a montré nettement qu'il ne voulait pas accorder à l'inventeur un monopole exclusif et illimité sur le moyen, en décidant que l'application nouvelle de moyens déjà connus serait brevetable.

C'était dire clairement que le fait d'appliquer d'une manière nouvelle les agents, les organes, les procédés tombés dans le domaine public ou faisant l'objet d'un brevet, constituerait une invention, à la condition que le résultat obtenu fût différent de celui que les mêmes éléments avaient produit jusque-là. Il est dès lors certain que l'inventeur de moyens nouveaux ne pourra pas se prévaloir du droit d'employer exclusivement l'objet de sa découverte, et qu'il devra restreindre sa prétention, puisqu'on considère comme légitime la revendication de celui qui, empruntant son procédé, en obtient un résultat non encore signalé.

Il est impossible de déterminer théoriquement l'étendue du brevet ; les juges seuls peuvent, dans chaque cas particulier, décider quelles sont les applications qui découlent naturellement de l'emploi du procédé et qui peuvent être revendiquées à bon droit par le breveté.

§ 3. — *Application nouvelle de moyens connus.*

M. Nouguier, définissant ce qui constitue, selon lui, l'application nouvelle de moyens connus, dit : « Faire une application nouvelle de moyens connus, c'est prendre ces moyens, les appliquer à autre chose qu'aux choses auxquelles ils servaient ; ou les appliquer autrement ; ou en changer les combinaisons ; ou les compléter par des additions d'autres moyens également connus ; ou les réunir lorsqu'ils sont épars ; ou les séparer quand ils sont réunis, et arriver ainsi à l'obtention d'un résultat ou d'un produit industriel (1). »

____

(1) Nouguier, n° 414, cité par Pouillet, n° 31.

Pour apprécier la véritable portée de cette définition, il faut se souvenir que les agents, les organes
et les procédés sont considérés comme des moyens ;
il est dès lors évident que la plupart des découvertes rentrent dans la catégorie que nous étudions,
car s'il est rare d'obtenir un produit nouveau et plus
rare encore de découvrir des éléments inconnus,
capables de faire obtenir un résultat industriel, il
est relativement facile, en prenant des choses déjà
employées, de les faire servir à un autre usage. Un
arrêt de la Chambre des requêtes, du 15 février
1859, a jugé que l'application d'un procédé déjà
connu peut constituer une nouvelle découverte s'il
est adapté à un nouvel usage (1) , et cette décision
est conforme à celle qu'avait prise la Chambre civile,
le 13 août 1845, dans le cas suivant : « Attendu qu'il
a été déclaré, en fait, par la Cour royale de Paris,
que, si le bain d'or alcalin, tel qu'il est composé par
Elkington, était depuis longtemps connu et décrit,
la découverte en était restée purement scientifique,
et qu'Elkington, le premier, en a fait l'application
spéciale et positive à l'industrie de la dorure; attendu que, dans le mémoire descriptif annexé à son
brevet, Elkington signale particulièrement comme
objet de son invention l'emploi, dans l'industrie de

---

(1) Renouard, n° 65.

la dorure, du carbonate de potasse ou de soude
combiné avec une dissolution d'or, et que cet emploi
est précisément ce qui a été déclaré nouveau par
l'arrêt attaqué; attendu, en droit, que toute nouvelle application industrielle, même d'un procédé
déjà connu ou d'une idée déjà publiée, dote la
Société d'une industrie qu'elle ne possédait pas auparavant, et est, par conséquent, un objet valable
de brevet; qu'en effet, celui qui parvient à tirer
d'une découverte antérieure certains produits et
résultats pratiques non obtenus avant lui, et susceptibles d'être livrés au public qui n'en jouissait
pas encore, est véritablement inventeur quant à ces
produits et résultats, et a droit aux avantages conférés, en vertu de la législation sur les brevets, à
ceux qui étendent par des créations de leur intelligence l'action et le domaine de l'industrie.... »

Les tribunaux n'ont pas à rechercher si le résultat ou le produit obtenu est nouveau, si le procédé
dont on fait usage n'a jamais été employé ; ils doivent considérer dans son ensemble la découverte,
et leur examen doit porter sur la question de savoir si le résultat ou le produit est obtenu d'une
façon nouvelle, si le procédé a été détourné de son
emploi accoutumé.

Il a été jugé que l'application au filtrage des
eaux, de la laine tontisse préparée au tannate de

fer, qui la rend imputrescible, était brevetable, quoique auparavant on eût déjà traité la laine par le tannate de fer pour la teindre en noir, mais sans songer aux qualités d'imputrescibilité que lui donnait en même temps cette teinture (1).

Si les juges avaient décomposé l'opération, ils eussent éprouvé des scrupules à se prononcer dans ce sens, car la laine ainsi préparé était dans le commerce, et le filtrage des eaux avait déjà été opéré de diverses manières; il est clair néanmoins, bien que les moyens et le résultat fussent connus, qu'il y avait application absolument nouvelle dans l'emploi de ceprocédé.

Supposons, au contraire, qu'un industriel imagine de mettre des roulettes à un fourneau, alors que les meubles à roulettes sontd'un emploi universel, pourra t-il se faire accorder un brevet? Évidemmentnon, car il s'est contenté d'adapter à un meuble spécial un appareil servant déjà au même usage, dans des cas identiques (2). — Il en serait de même de celui qui fabriqueraitpour les pistolets-jouets des amorces semblables à celles antérieurement employées pour les armes de guerre et de chasse (3). L'application nouvelle telle que nous l'avons définie n'existe

---

(1) Paris, 31 janv. 1865 ; — Pataille, 65-409.
(2) Paris, 20 nov. 1860, cité par Pouillet, n° 38.
(3) Paris, 14 mai 1868 ; — Pataille, 68-210.

pas, car les mêmes moyens produisent les mêmes résultats.

« Si l'on se sert d'un appareil ou d'un procédé connu, dit M. Pouillet, de la façon dont on s'en est toujours servi pour obtenir le même résultat, en se bornant seulement à l'employer pour une autre matière ou pour un autre objet, où est l'invention, où est le service rendu à l'industrie? Où est cette création, ce caractère de personnalité qui justifie le droit exclusif de l'inventeur? Partant, où peut être la brevetabilité (n° 37)? »

C'est en vain que celui qui demande le brevet prétendrait avoir réalisé un progrès dans la fabrication, grâce à un travail intelligent et à des soins particuliers; il ne pourrait pas se faire concéder un privilège, pas plus que l'industriel qui emprunterait à une industrie analogue à celle qu'il exerce des appareils ou des procédés, et qui n'obtiendrait pas un résultat différent de celui précédemment acquis. C'est ainsi que l'emploi, dans les opérations d'apprêt et de fixage des étoffes, d'un instrument (le faudeur) destiné à opérer le pliage, n'est pas brevetable, alors qu'il est employé en vue du même résultat dans une industrie similaire, celle de la *teinture* (1).

Nous en avons dit assez pour prouver que l'énu-

---

(1) Paris, 12 mars 1871; — Pataille, 72-215.

mération contenue dans l'article 2 de la loi française est complète. Toute découverte industrielle porte nécessairement sur un objet déterminé ou sur le moyen d'obtenir un produit ou un résultat; dès lors, il est impossible de trouver des expressions plus exactes et plus précises que celles dont s'est servi le législateur.

Les Allemands n'ont sans doute pas voulu copier textuellement notre article 2, et c'est ce qui explique leur embarras, car il n'y a pas d'autre manière d'exprimer ce que doit être une invention pour être brevetable ; la loi chilienne du 9 septembre 1840 dit, article 1er : « L'auteur ou inventeur de tout art, manufacture, machine, instrument, préparation de matière ou de tout autre amélioration apportée à ces objets, qui désire jouir de la propriété exclusive que lui assure l'article 152 de la constitution, etc. » Les mots art, manufacture, machine, instrument servent à désigner les moyens de production; mais il est évident que ces termes n'ont aucune précision, qu'ils manquent d'exactitude ; comment faut-il entendre le premier? Il ne vise assurément que les arts industriels, la teinture, par exemple ; mais on ne peut exiger, pour accorder un brevet, la rénovation de toutes les opérations qui se rapportent à la teinture. Dès lors, il faut admettre que la découverte d'un agent nouveau ou d'un procédé non encore

employé suffira ponr mériter à son auteur la protection de la loi ; nous en dirions autant des machines, puisqu'il est incontesté que l'adjonction d'un
organe suffit pour justifier la demande d'un privilège.
Par préparation de matières on peut entendre à peu
près tout ce qu'on veut : création d'un produit, application pour son obtention de procédés nouveaux ou
de moyens connus employés d'une façon nouvelle.

Quant à l'amélioration apportée à tous ces objets,
elle peut constituer indifféremment une invention
proprement dite, si elle résulte d'une application
nouvelle de moyens connus, ou un simple perfectionnement. Bref, l'article 1er de la loi chilienne nous
paraît fort défectueux.

Les mêmes critiques peuvent être adressées à la
loi américaine qui indique comme brevetables : les
industries, machines, fabrication ou composition de
matières nouvelles et utiles, ou tout perfectionnement nouveau et utile de ces objets.

SECTION IV

Nouveauté.

La condition essentielle pour qu'un objet soit brevetable, c'est qu'il soit nouveau ; s'il ne l'était pas,
la concession d'un privilège au demandeur de brevet
porterait atteinte aux droits acquis à la Société ou

à un tiers : à la Société, si l'objet était dans le domaine public ; à un tiers, si un brevet antérieur lui en avait garanti l'exploitation exclusive ; d'ailleurs, il peut paraître inutile d'exprimer expressément cette condition, car inventer, c'est créer quelque chose de nouveau, et l'emploi seul du mot *invention* implique l'idée de nouveauté.

« La plus grande partie des contestations, dit Renouard, auxquelles a donné et donnera toujours lieu l'application d'une loi quelconque sur les brevets, consiste dans la réponse à cette question : L'industrie brevetée est-elle nouvelle ? La pratique l'atteste. Le raisonnement seul et la force des choses suffiraient pour démontrer qu'il n'en peut pas être autrement... car il s'agit d'apprécier des faits ; or ces faits, variables selon chaque espèce, se trouvent souvent placés dans des conditions où les rapports d'analogie et d'identité, où la constatation des ressemblances sont difficiles à préciser et à saisir. » (Renouard, n° 36.)

Le rôle du législateur se borne à poser des règles générales, permettant aux juges de trancher souverainement la question. Ces règles ont pour objet de préciser les circonstances dans lesquelles il devra être décidé que la Société était déjà pourvue de ce dont on prétend l'avoir enrichie ; elles varient suivant qu'on attribue à tel ou tel fait le caractère de la divulgation. C'est à la date du dépôt de la demande qu'il faut se placer pour savoir si la publicité donnée à la découverte peut être opposée au demandeur, car c'est à ce moment que les bases du contrat passé par l'impétrant avec la Société ont été posées et arrêtées.

Pour qu'il y ait nouveauté absolue, il est nécessaire non seulement que l'invention n'ait pas encore été exécutée, mais encore qu'elle n'ait pas reçu une publicité suffisante pour être réalisée. Le lieu de l'exécution et de la publication importe peu, car on doit admettre que les plus grandes distances ne font pas obstacle à ce qu'un objet industriel, fabriqué dans un endroit, le soit également et à bref délai dans un autre fort éloigné; l'inventeur éprouvera peut-être quelque embarras, peut-être même beaucoup de difficultés pour rechercher les antériorités qui lui sont opposables, mais il vaut mieux lui créer cette situation difficile plutôt que de lui accorder un privilège injustifié, en le récompensant d'une prétendue découverte dont la Société était appelée à profiter sans son intervention.

Nous allons passer rapidement en revue les conditions édictées par quelques lois étrangères pour que l'invention soit réputée nouvelle.

Loi francaise. — Loi du 5 juillet **1844**. — En

France, la nouveauté légale est la nouveauté absolue.

Aux termes de l'article 31 : « Ne sera pas réputée nouvelle toute découverte, invention ou application qui, en France ou à l'étranger, et antérieurement au dépôt de la demande, aura reçu une publicité suffisante pour pouvoir être exécutée. »

M. Bédarride, commentant ce texte, dit : « Peu importe que la publicité ait été plus ou moins étendue..... Si le public, dans l'acception large du mot, n'a pas connu, il a pu connaître, et il suffit que quelques-uns aient su pour que tous soient appelés à jouir de la position que les premiers ont acquise (1). »

Il ne suffit pas, pour justifier cette opinion, de dire que l'auteur de la prétendue découverte n'a droit à aucune protection parce qu'il a trouvé dans le domaine public la chose qu'il veut revendiquer, et qu'il n'a rien donné à la Société, car il peut avoir lui-même publié ses travaux, et la divulgation a pu se produire par son propre fait ; mais il faut se souvenir encore que si la Société s'engage vis-à-vis d'un industriel à le protéger contre toutes les tentatives de concurrence, c'est parce qu'elle veut, en lui

____

(1) Bédarride, n° 370 ; — Pouillet, n° 375.

procurant des avantages sérieux, l'amener à divulguer les moyens et les procédés qu'il pourrait employer en secret, et dont la connaissance échapperait à tout jamais aux autres producteurs ; mais dès que, par son fait ou par celui d'une autre personne, les moyens et les procédés sont connus, la Société n'a plus rien à espérer et elle retire ses offres.

Le public aura pu connaître l'invention quand elle aura été décrite avec assez de précision pour que les hommes compétents se soient trouvés en mesure de l'exécuter, ou quand son objet ou un objet identique aura été mis dans le commerce.

Que la description soit contenue dans un livre, un journal, une brochure, un manuscrit ou une lettre missive, qu'elle soit faite en français ou en une autre langue, qu'elle paraisse en France ou à l'étranger, peu importe ; elle est destructive de la nouveauté dès qu'elle a été distribuée au public, dès qu'un *certain nombre de personnes ont été appelées à la connaissance du procédé exposé à l'appréhension de tous*, et qu'elles ont pu, sur les indications fournies, obtenir le produit ou le résultat proposé. — Mais il a été jugé avec raison « qu'une publication dont les données sont inexécutables ne constitue pas une antériorité et laisse à chacun le droit de rechercher si le problème posé est possible, à quelles conditions, et de faire breveter le résultat de sa découverte : spécialement, le livre qui, après avoir reconnu la propriété que possède l'acide sulfurique de déterminer, seul et sans auxiliaire, la fermentation alcoolique du jus de betteraves, indique des proportions telles qu'il est constant que, dans ces conditions, la fermentation est impossible, ne fait pas obstacle à ce qu'un inventeur qui découvre et détermine les vraies proportions prenne un brevet valable ; en exigeant, pour détruire la nouveauté de l'invention, une publicité suffisante pour qu'elle puisse être exécutée, la loi a entendu parler d'une publicité qui soit accompagnée du mode d'exécution nécessaire à la réalisation de l'invention (1) ».

Les mêmes règles s'appliquent quand, au lieu d'avoir été décrite sur le papier, l'invention a été exposée oralement, dans un cours, dans une conférence, ou devant un auditoire assez nombreux pour qu'on ne puisse pas considérer la communication faite comme l'ayant été à titre de confidence.

L'une des causes les plus fréquentes de défaut de nouveauté est l'usage qui aurait été fait de l'idée nouvelle avant que la demande de brevet eût été déposée. Merlin en donne la raison et indique en

____

(1) M. Pouillet, n° 380; — Douai, 28 avril 1858; Jurispr. Douai, 58 352.

même temps le tempérament qu'il a toujours fallu apporter à cette théorie, aussi bien sous la loi de 1791 que sous celle de 1844.

« L'auteur d'une découverte industrielle en devient propriétaire par cela seul qu'il l'a conçue. A la vérité, sa propriété pourra lui échapper, ou pour mieux dire, elle pourra devenir illusoire, si, par l'usage qu'il en fait, il la laisse percer dans le public, sans avoir préalablement eu recours au moyen que la loi lui indique pour s'en assurer la pleine et entière jouissance. Mais tant qu'il la tient secrète, tant qu'il en use sans que le public puisse en pénétrer le mécanisme, sa propriété reste intacte, et il est toujours à temps pour prendre les voies légales à l'effet d'empêcher qu'elle ne devienne une propriété publique (1). » Il faut, en effet, que l'usage ait laissé percer dans le public la découverte industrielle, et qu'il l'ait rendue réalisable, car on ne pourrait opposer à l'inventeur le fait d'avoir livré au commerce un produit dont l'analyse n'aurait pu déterminer les éléments, et qu'il eût été impossible de fabriquer. — Les mêmes raisons font décider que l'essai de l'invention, antérieurement au brevet, ne constitue pas la publicité destructive de la nouveauté, s'il a été fait avec discrétion, et devant un petit nombre de per-

____

(1) *Répertoire*, vᵒ *Brevet d'invention*, nᵘ 6. Merlin.

sonnes ; autrement, on empêcherait l'inventeur de s'assurer que sa conception est pratiquement réalisable, on le forcerait à prendre un brevet sans avoir pu se rendre compte du résultat obtenu, et sans avoir trouvé les perfectionnements qui se seraient présentés peut-être tout naturellement à son esprit, s'il avait eu l'occasion de faire fonctionner la machine nouvellement construite devant les quelques personnes qui avaient concouru à sa confection.

Aux termes d'un jugement en date du 19 janvier 1872 (1), il a été décidé « que la nullité résultant, aux termes de l'article. 31, de la publicité que l'inventeur aurait lui-même donnée à sa découverte avant de la faire breveter, repose sur ce double fondement que l'auteur d'une invention par lui divulguée est censé en avoir abandonné le bénéfice au domaine public et que la foi des tiers n'a pas dû être trompée ; mais une présomption de ce genre ne saurait s'appliquer à de simples essais ou à des expériences que l'inventeur ne fait opérer qu'en vue de s'éclairer ou d'éprouver la valeur de son invention ; spécialement, quelque publicité qui se soit attachée aux expériences faites du fusil Chassepot, au camp de Châlons, sur l'ordre du Gouvernement, devant une réunion nombreuse d'officiers et de journalistes, les

---

(1) Pataille, 72-198, cité par Pouillet, n° 395.

faits n'en ont pas moins retenu, au regard du public, le caractère hautement manifesté d'une simple expérience ; il faut en effet remarquer que, s'agissant d'une arme de guerre, la condition normale de l'expérience était qu'elle fût mise entre les mains d'un assez grand nombre de soldats, employée dans une manœuvre militaire et éprouvée ainsi à tous les points de vue de la solidité générale de l'arme, de la facilité de son maniement, et de la rapidité du tir. »

La solution serait différente si l'objet qu'on désire faire breveter était exposé dans un endroit où le public est admis, et s'il était d'une naturel telle que sa vue pût en révéler la constitution, car alors le domaine public aurait été mis en possession de l'objet, et aucun acte postérieur ne pourrait le lui enlever.

Telle est la portée de l'article 31 de la loi française. L'article 5 de la loi espagnole du 30 juillet 1878 édicte une disposition analogue (1).

Loi espagnole, 30 juillet 1878. — « Sera considéré comme nouveau, dans le sens de l'article 3, tout ce qui ne sera pas connu ou n'aura pas encore été établi ou mis en pratique sur les territoires espagnols ou à l'étranger. »

L'article 3 de la loi italienne est identique.

---

(1) *Ann. législation comparée,* 1879, p. 342. Traduction MM. Albert Cahen et Léon Lyon-Caen.

Mais le texte qui nous paraît le plus clair, et dont la rédaction est la plus exacte, est l'article 3 de la loi suédoise (1).

Suède. Loi du 16 mai 1884. — « Une invention ne sera pas considérée comme nouvelle lorsque, avant la réception de la demande du brevet par l'autorité chargée de le délivrer, cette invention aura déjà été décrite en des termes tels dans un imprimé à la disposition du public, ou exercée publiquement de telle sorte que toute personne à ce connaissant puisse l'appliquer à l'aide des indications ainsi obtenues, ou lorsque l'objet de cette invention ne diffère pas essentiellement d'un produit ou d'un procédé de fabrication déjà connu, comme il vient d'être dit. »

Dans un second paragraphe, le législateur suédois prévoit deux hypothèses spéciales qu'il est intéressant d'indiquer.

« Toutefois, la publication d'une invention dans un imprimé, par une autorité étrangère chargée de délivrer les brevets, — ou le fait que cette invention aura figuré dans une exposition internationale, ne fera pas obstacle à la délivrance du brevet, si la demande en est faite dans les six mois qui suivront la publication ou l'ouverture de l'exposition. »

____

(1) *Ann. législ. comp.*, 1885, p. 641. Traduction M. P. Dareste.

Pour comprendre l'utilité de la première de ces deux solutions, il faut se souvenir que, dans un assez grand nombre d'États, la demande de brevet est publiée avant la délivrance du titre, et alors que rien ne garantit au demandeur que sa requête sera favorablement accueillie (1) ; la publicité dans ces cas est complète, car toutes les législations exigent que l'inventeur détaille minutieusement toutes les opérations et tous les procédés auxquels il a eu recours ; et on doit dire dès lors qu'il ne peut plus se faire accorder de privilège dans les États qui exigent que la découverte soit absolument nouvelle. Les tribunaux français n'hésitent pas à appliquer ce principe. Il a été jugé, que la publication à l'étranger d'un brevet que l'inventeur y a demandé constitue la publicité telle que l'entend l'article 31, sans qu'il y ait à distinguer entre la publicité légale et la publicité effective, et, conséquemment, lui fait perdre le droit de prendre un brevet en France ; spécialement, le seul fait qu'à l'expiration des six mois qui suivent le dépôt de la demande d'une patente en Angleterre (2), la description et les plans annexés à cette demande sont placés dans

----

(1) Voir le chapitre suivant : De la délivrance des Brevets. — Exposé des législations, anglaise, allemande et américaine.

(2) Cet arrêt a été rendu sous l'empire de la loi qui a été en vigueur en Angleterre jusqu'au 1er janvier 1884.

un bureau public où chacun peut en prendre communication, constitue une publicité qui enlève à l'inventeur tout droit de se faire breveter en France (1).

Depuis la promulgation de la convention internationale de 1883, cette règle n'est plus applicable aux inventeurs dont la découverte a été publiée par suite d'une demande de brevet par eux formée, dans l'un des États composant l'Union, s'ils présentent dans les six mois une demande identique dans un autre État également lié par la convention.

Néanmoins, la loi suédoise présente cet avantage qu'elle peut être invoquée par toute personne qui veut se faire conférer un brevet, en quelque pays que l'objet de son invention ait été divulgué pour satisfaire aux exigences de la loi.

L'article 3, *in fine*, assimile à la publicité légale dont nous nous occupons le fait que l'invention aura figuré dans une exposition internationale. Cette disposition se trouve également dans la convention internationale de 1883, et toutes les nations devraient adopter cette règle.

Au lieu d'exiger que l'invention présente un caractère de nouveauté absolue, la loi allemande se

______

(1) Rej. 7 juillet 1860, Lister; — Pataille, 61, 44, cité par Pouillet, n° 340.

contente d'exiger ce qu'on pourrait appeler une nouveauté relative.

Loi allemande du 25 mai 1877 (1). — Art. 2 : « Ne sera pas réputée nouvelle l'invention qui, au moment du dépôt de demande faite en vertu de la présente loi, aura été décrite dans des ouvrages imprimés rendus publics, ou qui aura été appliquée publiquement en Allemagne, de telle façon que l'usage en paraisse par là possible pour d'autres spécialistes. »

Les lois de la Belgique art. 24 ; du Canada art. 6 ; des États-Unis, art. 6 ; consacrent le même système.

Au lieu d'adopter les principes nets et précis qui ont guidé le législateur français, le législateur allemand a cru devoir faire une distinction entre les deux modes de publication de l'objet brevetable. Il ne suffit pas, pour qu'elle ne soit pas nouvelle, qu'une invention ait été exécutée en quelque lieu que ce soit, il faut qu'elle ait été appliquée publiquement dans l'empire d'Allemagne, de telle sorte qu'un industriel pourra obtenir pour un appareil déjà connu à l'étranger une sorte de brevet d'importation, qui sera le prix de la course ; et, par une singulière anomalie, si un journal ou une brochure a

____

(1) Traduction de M. Ch. Lyon-Caen.

publié une découverte, en a présenté une étude complète et détaillée, fût-ce dans le pays le plus lointain, ce droit au brevet disparaîtra sous le prétexte que les imprimés se répandent facilement.

Nous ne voyons pas comment il se peut faire que l'on considère comme nouvelle une découverte exploitée publiquement en pays étranger, alors qu'on refuse de lui reconnaître le même caractère quand elle a été décrite dans un ouvrage.

Il faudrait d'ailleurs s'entendre sur le sens des mots. Quand un ouvrage est-il publié ? Dambach prétend que c'est seulement quand il est mis en vente; tandis que Klostermann soutient qu'il suffit que l'ouvrage soit accessible à tout le monde, ou à un nombre indéterminé de personnes ; qu'il ait été par exemple distribué aux membres d'une Société, ou déposé dans une bibliothèque publique.

Ces deux commentateurs ne s'entendent pas davantage quand ils discutent la question fort importante de savoir si l'article 2 fait une énumération limitative. Le premier soutient l'affirmative, et déclare notamment qu'un brevet peut être obtenu pour une invention qu'un professeur a, dans un cours, décrite avec assez de détails pour en rendre l'exécution possible, et il invoque en faveur de son système le texte même de l'article, rappelant qu'on avait proposé de déclarer qu'une invention devait cesser d'être réputée

nouvelle dès qu'elle avait été portée à la connaissance du public par un moyen quelconque, et que
cette proposition fut rejetée; le second, au contraire,
pense que l'article 2 ne donne que des exemples, et il
en arrive à conclure qu'il n'y a aucune distinction à
faire entre les divers modes de description, qu'il
s'agisse d'une exposition orale ou écrite des procédés employés.

Le projet du Gouvernement contenait un alinéa
ainsi conçu: « Les descriptions publiées officiellement
à l'étranger ne sont assimilées aux imprimés publics
que trois mois après leur publication. »

On voulait ainsi écarter les obstacles naissant,
pour les inventeurs qui veulent réclamer des brevets
dans plusieurs pays, de la publicité légale donnée à
la description de l'invention; mais cette disposition
fut rejetée avec raison, car elle eût favorisé les im-
portateurs dont toute l'industrie eût consisté à surveiller attentivement les demandes de brevet formulées à l'étranger et à les reproduire en Allemagne
dans le délai imparti par le projet. Pour remédier
à cet inconvénient facile à prévoir, MM. Lœve et
Grothe demandèrent que le droit d'user de cette
prérogative n'appartînt qu'à celui-là même qui
aurait fait le dépôt dans une nation voisine. Ce con-
tre-projet fut lui-même rejeté sous le prétexte qu'il
autorisait certaines fraudes; le conseiller fédéral

Jacobi prétendit qu'une personne ayant connaissance d'une invention récemment brevetée en Angleterre, par exemple, pourrait, en toute sécurité, obtenir un brevet en Allemagne, après avoir pris le soin d'en demander un en France.

Il eût été facile de répondre à cette objection en faisant remarquer que le véritable inventeur, le demandeur en Angleterre, pourrait se prévaloir de la faculté qui lui serait accordée, alors même qu'un dépôt aurait été opéré par une autre personne. C'est ce qu'exprime l'article 4 de la convention internationale de 1883 (1) :

« Celui qui aura régulièrement fait le dépôt d'une demande de brevet d'invention dans l'un des États contractants jouira, pour effectuer le dépôt dans les autres États, et sous la réserve des droits des tiers, d'un droit de priorité pendant les délais déterminés ci-après.

« En conséquence, le dépôt ultérieurement opéré dans l'un des autres États de l'Union avant l'expiration de ces délais ne pourra être invalidé par des faits accomplis dans l'intervalle, soit, notamment, par un autre dépôt, par la publication de l'invention ou son exploitation par un tiers.

« Le délai de priorité sera de six mois pour les

---

(1) Voir *infrà*.

brevets d'invention... augmenté d'un mois pour les pays d'outre-mer. »

Quoi qu'il en soit, les idées développées par le conseiller fédéral Jacobi ont paru décisives aux législateurs allemands, qui ont repoussé successivement toutes les propositions que nous avons signalées. Il en résulte qu'un inventeur peut se voir opposer la publication de son invention, s'il veut la faire breveter en Allemagne, car il ne peut se prévaloir ni de la loi de l'empire, qui est muette, ni de la convention internationale, à laquelle le Gouvernement allemand n'a pas adhéré.

États-Unis. Loi du 22 juin 1874. Décret du 1ᵉʳ mars 1880 (1). — La loi américaine fait la même distinction que la loi allemande entre la publication et l'exploitation ; elle tient compte de la publicité donnée par la voie de l'impression en quelque lieu qu'elle se soit produite ; elle ne tient compte, au contraire, de l'usage que s'il s'est manifesté dans le pays même. Toutefois il existe entre les deux législations, allemande et américaine, des différences profondes ; car, pour obtenir un brevet aux États-Unis, il faut déclarer sous serment qu'on se croit le véritable et seul inventeur, de telle sorte que celui qui demande des lettres patentes pour une décou-

---

(1) Picard à Picard. *Code gén. des Brevets d'Invention*, p. 283.

verte déjà brevetée à l'étranger doit affirmer sous serment que le brevet lui a été délivré, à lui ou à une personne munie de son consentement; il doit en outre indiquer le nom du pays étranger, la date et le numéro du brevet (Règle 39); ainsi paraît devoir être évité l'inconvénient que nous avons signalé plus haut et qui résulte de ce fait que le brevet d'importation est trop souvent le prix de la course.

Pour que l'invention ait perdu le caractère de la nouveauté, il ne suffit pas qu'elle ait été exploitée publiquement aux États-Unis; la nouveauté subsiste si l'usage n'a pas commencé plus de deux ans avant le dépôt de la demande; et dans ces deux années on ne doit pas faire entrer la période des essais. Il a été jugé dans ce sens que, « la vente par un inventeur d'une machine réalisant son invention plus *de deux années* avant la demande d'un brevet n'entraînait pas la nullité du brevet, quand cette vente avait été consentie à un prix inférieur à la valeur de la machine, *sans profit pour l'inventeur, dans le seul but de l'expérimenter,* et sous la condition de la reprendre si la marche n'en était pas satisfaisante. » De toute l'instruction il résultait que la transaction n'avait d'autre objet que de faire une expérience; que l'invention par suite n'était pas en « usage public ou en vente « dans le sens du statut (1). »

L'inventeur peut donc, quand il a réalisé industriellement sa découverte, l'exploiter pendant deux ans sans craindre de la voir tomber dans le domaine public ; il sera temps encore pour lui de réclamer la concession d'un monopole s'il a réalisé des bénéfices et s'il en espère de nouveaux ; il ne court pas le risque, en théorie tout au moins, de se voir dépouiller de son droit par une concurrent peu scrupuleux, car la patente n'est délivrée qu'à celui qui affirme sous serment qu'il est le premier et le seul inventeur.

Il est évident qu'un pareil système fait naître d'innombrables difficultés, et que, s'il est difficile d'apprécier la nouveauté absolue telle qu'elle est comprise par la loi française, il est impossible d'apprécier la nouveauté relative que nous venons d'étudier. La loi des États-Unis, en accordant un délai de deux ans pour la mise en exploitation, a sans doute voulu permettre à l'auteur d'une découverte d'habituer ses contemporains à user du produit nouvellement mis dans le commerce, sans payer les frais de délivrance du titre ; mais ce résultat pourrait être acquis en fixant à une somme très minime les droits à percevoir au moment de la demande.

___

(1) Cour de Circuit des États-Unis-Pensylvanie, janvier 1885 ; — Clunet 1886, p. 489.

Quant à la distinction que font certaines lois entre la publication et l'application, elle nous paraît absolument arbitraire.

La loi qui nous semble faire la plus exacte application des principes qui doivent prévaloir en notre matière est la loi de Suède, qui exige que l'invention soit absolument nouvelle, et qui apporte à cette règle une restriction fort sage, imitée d'ailleurs de la convention internationale, en accordant à un inventeur, qui a fait le dépôt de sa demande dans un autre État, un délai de six mois pour réclamer la protection de la loi nationale.

Convention internationale. Art. 4. — L'article 4 de la convention, auquel nous avons déjà fait allusion, est ainsi conçu :

« Celui qui aura régulièrement fait le dépôt d'une « demande de brevet d'invention...... dans l'un « des États contractants jouira, pour effectuer le « dépôt dans les autres États, et sous réserve des « droits des tiers, d'un droit de priorité pendant les « délais déterminés ci-après.

« En conséquence, le dépôt ultérieurement opéré « dans l'un des autres états de l'Union avant l'expira-« tion de ces délais ne pourra être invalidé par des « faits accomplis dans l'intervalle, soit, notamment, « par un autre dépôt, par la publication de l'inven-« tion ou son exploitation par un tiers......

« Les délais de priorité mentionnés ci-dessus
«seront de six mois pour les brevets d'invention...
« Ils seront augmentés d'un mois pour les pays d'ou-
« tre-mer. »

Avant 1883, il n'existait qu'un moyen d'empêcher
que la demande de brevet faite dans un État et publiée ne fût pas destructive de nouveauté : c'était
de déposer simultanément des demandes dans tous
les pays où on désirait obtenir la protection légale.

Dans les congrès successifs réunis à Paris, on
chercha une solution plus pratique. En 1880, le président de la conférence s'exprimait ainsi (1).

« En France, quand une invention a reçu n'im-
« porte où, et de quelque manière que ce soit, une
« publicité quelconque, elle ne peut plus être breve-
« tée valablement. Il s'agit, dans un intérêt d'honnê-
« teté, de faire disparaître cette disposition. La
« richesse n'est pas, en général, l'apanage de l'inven-
« teur, et c'est à peine si, souvent, il peut prendre
« un brevet dans son propre pays. Si l'on multiplie les
« frais qui le grèvent, en l'obligeant de déposer des
« demandes de brevet dans tous les pays, il lui sera
« impossible de garantir ses droits. D'un autre côté, un
« étranger verra souvent ses droits perdus en France,
« parce qu'il aura pris, antérieurement au dépôt

____

(1) Compte rendu. Procès-verbaux, page 49.

« qu'il y aura effectué, son brevet dans son propre
« pays, et que, dès lors, son invention ne sera plus
« nouvelle aux termes de la loi française. Au congrès
« de 1878, on a cherché un moyen pratique de
« remédier à cette situation. On a d'abord imaginé
« d'autoriser le déposant à faire une déclaration
« chez tous les consuls ; mais on a répondu avec rai-
» son qu'il n'y a pas de consuls partout, et que, d'un
« autre côté, ce mode de procéder entraînerait des frais
« assez considérables. Alors, on a proposé de déci-
« der que la déclaration dans un des pays contrac-
« tants vaudrait déclaration dans tous les autres. Le
« déposant n'aurait pas un brevet pour cela ; mais il
« pourrait l'obtenir dans un certain délai sans encou-
« rir une déchéance pour absence de nouveauté. »

Ce langage, si conforme à la justice et à l'équité,
fut approuvé par tous le délégués présents ; aucune
protestation ne s'éleva contre la proposition qui était
faite, elle fut adoptée et on put espérer que le Droit
international venait de faire une conquête qui ne lui
serait pas disputée ; il n'en fut rien. A la Chambre
de commerce de Paris, dans la séance du 8 juillet
1885, le rapporteur de la commission nommée à
l'effet d'étudier *les critiques et doléances* que soulevait
la convention diplomatique du 20 mars 1883, après
avoir déclaré que l'examen du principe fondamental
de la brevetabilité qui, aux termes de la loi fran-

çaise, veut qu'une invention implique une révélation industrielle, l'entraînerait trop loin et qu'il ne voulait pas s'y livrer, ajoutait : « Hâtons-nous de dire que ce « grand principe de législation a été méconnu par « la convention qui, dans son article 4, *a créé subite-* « *ment, au profit exclusif des inventeurs étrangers, des* « *privilèges relatifs à des inventions que la loi du 5 juil-* « *let 1844 déclare acquises au domaine public pour* « *cause d'antériorité ou de divulgation.* »

Il nous semble que cette critique n'est pas fondée et il est facile de prouver que les Français peuvent avoir intérêt à se prévaloir de cette disposition.

Une demande de brevet est formée par un Français en Angleterre, où on la publie, puis en Espagne, où la nouveauté absolue est exigée. Qu'arriverait-il si l'article 4 n'existait pas ? Le Gouvernement espagnol repousserait la demande, il devra au contraire n'oppo-ser, grâce à la convention, aucune fin de non-recevoir tirée de la publication faite en Angleterre dans les délais prévus. Par réciprocité, les étrangers, il est vrai, jouiront en France des mêmes avantages ; mais nous ne croyons pas qu'on puisse dire qu'ils tirent de l'acte diplomatique que nous étudions un profit exclusif.

Est-ce avec plus de raison qu'on présente cette disposition comme constituant une sorte de vol fait au public ?

« Sans doute, dit M. Bozérian (1), d'après notre législation aussi bien que d'après celle des autres nations, la première condition pour qu'une invention ait droit à une protection légale, c'est qu'elle soit nouvelle ; mais lorsque, au moment du premier dépôt, cette nouveauté existe, est-ce que satisfaction n'est pas donnée à l'exigence de la loi ? Est-ce que le créateur de l'œuvre n'en est pas devenu propriétaire par le fait de la création ? »

La réforme opérée n'est pas aussi radicale que paraît le croire la Chambre de commerce de Paris ; les règles posées par la loi de 1844 subsistent. Les tribunaux apprécieront comme ils le faisaient avant 1883 les faits de publicité qui ont pu se produire ; seulement, au lieu de se reporter, pour faire cet examen, au moment où le dépôt de la demande a été fait en France, ils se reporteront à l'époque où fut déposée, dans un des États de l'Union, la demande de brevet.

L'article 4 ne fut édicté que pour faire disparaître les difficultés matérielles qui s'opposaient à ce qu'un inventeur pût se prévaloir de son droit et le faire sanctionner ; il est donc juste qu'il ne profite qu'à cet inventeur, en principe du moins, car, malgré les termes de l'article, nous pensons que les ayants droit

---

(1) *La convention internationale du 20 mars 1883, pour la protection de la propriété industrielle*, par Bozérian.

de l'inventeur peuvent agir comme il le ferait lui-même, durant les six mois qui lui sont accordés pour faire ses diligences. Il suffit que le brevet soit demandé par ordre du breveté étranger, pour son compte ou pour celui d'une personne qui le représente légalement, par un mandataire, un cessionnaire ou un héritier, pour que la convention produise son effet.

Mais, quand le dépôt d'une demande de brevet, fait dans l'un des États de l'Union, sera-t-il réputé régulier ?

« Il va de soi, disait M. **Demeur**, délégué de la Bel-
« gique, que le droit de priorité dans les autres
« États ne peut naître que si le dépôt primitif a été
« effectué dans la forme légale ; mais on peut sou-
« tenir que le mot *régulièrement* porte aussi sur le
« fond. Par cette formule, entend-on que celui qui
» aura fait le dépôt doit avoir eu le droit de le faire?
« La question se posera, car on peut effectuer un
« dépôt régulièrement sans en avoir le droit. »

M. **Lagerheim**, délégué de Suède, répondait avec raison: « Il s'agit de la priorité du dépôt, mais non
« pas du droit définitif de propriété qui est réglé
« par la législation de chaque État et qui est du res-
« sort des tribunaux. »

L'auteur d'une découverte, qui désire la faire protéger, doit lui donner en quelque sorte un état civil, et il est contraint d'observer la règle *locus regit actum;* c'est un Anglais, par exemple, qui veut obtenir un brevet dans son pays et en France ; il doit, aux termes de l'article 5 de la loi anglaise, déposer une demande au Patent Office et y joindre une spécification provisoire ou complète de son invention. Il le fait, puis, cinq mois après, il sollicite un brevet en France et l'obtient ; les tribunaux français, saisis plus tard d'une action en nullité fondée sur ce que le dépôt primitif n'était pas régulier, devront apprécier seulement la régularité quant à la forme et appliquer à cet examen les principes posés par la législation anglaise.

Qu'arrivera-t-il si, postérieurement à la délivrance du brevet français, la demande faite en Angleterre est rejetée ?

Si le motif du rejet est une irrégularité de forme, il n'y a aucun doute : l'auteur de la découverte a invoqué à tort l'article 4 et on doit ne tenir aucun compte de cet article ; le brevet français ne sera valable que si, au moment où il a été demandé en France, l'objet qu'il était destiné à protéger était nouveau d'une manière absolue ; mais la question se posera très rarement, car le demandeur, prévenu par l'examinateur anglais, rectifiera l'acte qu'il a produit et se soumettra aux exigences de la loi.

Supposons que l'inventeur, profitant de la faculté que lui accorde l'article 5 de la loi anglaise, se soit

contenté de fournir ce qu'on appelle une spécification provisoire (description sommaire de la découverte), et qu'il n'ait pas, dans le délai fixé, produit la
spécification complète (description claire et complète
de l'invention, avec indication précise des moyens
de la réaliser), aux termes de l'article 8 : « Si le
« demandeur n'a pas joint à sa demande une spécifi-
« cation complète, il a pour le faire un délai de
« neuf mois, à partir de la date de sa demande ;

« Si la spécification complète n'est pas produite
« dans ledit délai, la demande sera considérée
« comme abandonnée. » Que décider ? Nous don-
nerons la même solution que dans l'hypothèse précédente. On peut dire que la demande primitive
n'existait qu'à la condition expresse d'être complétée ; par elle-même, elle ne pouvait produire
aucun effet ; dès l'instant où il est établi que l'événement attendu ne se produira pas, les choses sont
remises dans l'état ancien, et les conséquences pro-
visoires disparaissent avec la cause qui les avait
produites.

Si l'on s'en tenait à l'explication que nous venons
de donner des mots « dépôt régulier », on devrait
déclarer que les questions qui peuvent être agitées
à l'étranger, à l'occasion d'un brevet, autres que
celles qui se rapportent à la forme du dépôt, sont
sans influence sur le sort du brevet régulièrement

demandé et régulièrement obtenu dans un autre État ; et cette solution serait conforme à l'équité aussi bien qu'à l'esprit de la convention. Mais nous verrons, au chapitre des nullités et déchéances, qu'un certain nombre de lois appliquent aux brevets pris dans plusieurs États à la fois des règles spéciales que l'article 29 de la loi française résume ainsi :

« L'auteur d'une invention ou découverte déjà « brevetée à l'étranger pourra obtenir un brevet en « France. Mais la durée de ce brevet ne pourra « excéder celle des brevets antérieurement pris à « l'étranger. » Qu'il nous suffise de dire que la convention internationale n'a pas consacré ces règles, qui ne peuvent recevoir d'application qu'en vertu de la législation spéciale à chaque pays, et que l'art. 4 n'exige qu'un dépôt régulier en la forme.

Ce dépôt une fois opéré a pour effet de conserver le droit de l'inventeur, de fixer d'une manière précise et authentique la date à laquelle on doit se reporter pour juger le mérite de sa prétention. Si, à ce moment, son invention était nouvelle, dans le sens où la loi française entend ce mot, elle sera brevetable en France quand il se présentera pour réclamer la protection de la loi.

Les délais de priorité mentionnés en l'article 4 sont de six mois. Ils doivent être augmentés d'un mois pour les pays d'outre-mer.

Il est important de remarquer que cette prérogative ne fait nullement échec aux droits des tiers,
qui sont admis à établir qu'ils possédaient la découverte avant que le premier dépôt eût été effectué.
Pour résoudre les difficultés qui peuvent s'élever à
ce propos, on doit consulter les lois nationales de
chaque pays. Celui qui, en France par exemple,
voudra se prévaloir de l'article 4, ne le pourra faire
que si, avant le dépôt de sa demande dans l'un quelconque des États de l'Union, personne ne s'est fait
consentir un privilège sur l'objet qu'il revendique
comme étant son invention.

Qu'arrivera-t-il si une personne établit qu'elle a
possédé la découverte antérieurement, mais non
publiquement ? Nous pensons, avec M. Pouillet, que
cette possession secrète n'empêchera pas la délivrance du brevet (1). Mais faut-il déclarer le possesseur déchu du bénéfice de sa possession ? Faut-il, au
contraire, restreindre le droit du breveté et ne pas
lui permettre de l'exercer à l'encontre de celui qui
justifie d'une possession antérieure?

» La question, à nos yeux, dit M. Pouillet, n'est
« pas sans difficulté ; en faveur du possesseur de
« l'invention, on peut dire que sa possession cons-

____

(1) En ce sens, Nouguier, n°s 506 et 507 ; — Rendu et Delorme,
n° 439 ; — Tillière, n° 114. — *Contrà*, Blanc, p. 464 et 465 ; — Bédarride, n° 398. — *Voir* Pouillet, n°s 425 et suiv.

« titue un droit acquis, et qu'il est de principe qu'au-
« cun fait ultérieur ne peut préjudicier à un droit
« acquis. Cette possession, bien que secrète et en
« quelque façon clandestine, n'était pas du reste
« contraire à la loi, puisqu'elle reconnaît et protège
» les secrets de fabrique. Celui qui possédait en
« secret l'invention avant le brevet possédait léga-
« lement ; comment donc admettre qu'on le dépos-
« sède ? Comment justifier sa dépossession ? »

Mais, nous le répétons, la convention ne tranche
aucune de ces difficultés, qui doivent être résolues
d'après les règles posées par les lois diverses ; elle
se contente de déclarer que, sous réserve des droits
des tiers, la publication ou l'exploitation de l'invention (postérieure au dépôt primitif) ne sera pas destructive de la nouveauté.

« Pendant les délais impartis par l'article 4, a-t-on
« pu dire avec raison (1), le brevet pris dans l'un
« des États contractants ne confère pas à son titu-
« laire, dans les autres États, un droit exclusif sur
« l'invention brevetée, et l'exploitation de cette
« invention par un tiers n'y constituerait pas une
« contrefaçon.

« En théorie pure, la protection résultant de ce
« brevet étranger consiste seulement à réserver à

____

(1) Martin St-Léon, *Brevets*, page 99.

« son titulaire la faculté de demander un brevet
« dans les autres États, nonobstant toute divulga-
« tion ; mais c'est déjà un progrès international, les
« effets du brevet ne sont plus absolument bornés
« au territoire de la nation qui l'a concédé. »

SECTION V
Objets non brevetables.

Mais il ne suffit pas qu'une invention puisse être
exploitée industriellement et qu'elle soit nouvelle
pour qu'un brevet soit accordé à son auteur, il faut
encore que la loi ne l'ait pas déclarée non susceptible d'être brevetée.

L'article 3 de la loi du 5 juillet 1844 décide qu'en
France, ne sont pas susceptibles d'être brevetés :

1° Les compositions pharmaceutiques, ou remèdes de toute espèce ;

2° Les plans et combinaisons de crédit ou de
finances.

La prohibition contenue dans le paragraphe premier frappe exclusivement les compositions pharmaceutiques ou remèdes de toute espèce sans pouvoir être étendue aux moyens ou procédés de
fabrication de ces produits pas plus qu'aux substances
alimentaires, de quelque nature qu'elles soient.

Cette prohibition, que nous trouvons également

dans la loi espagnole du 30 juillet 1878 (art. 9, parag. 4), même resserrée dans ces limites, est-elle justifiée? Nous ne le pensons pas, car les deux inconvénients que le législateur a voulu éviter étaient plus apparents que réels ; il a craint que la délivrance d'un brevet ne favorisât la charlatanerie, mais l'auteur d'un remède ne peut-il attacher son nom à sa découverte et, grâce à une publicité effrénée, dépasser les exploits des plus célèbres charlatans? Il a craint de plus que le détenteur breveté d'un remède nécessaire à la santé publique n'abusât de sa situation et ne voulût s'enrichir d'une façon aussi inhumaine qu'odieuse ; ce second motif, qu'on pourrait invoquer à propos de toutes les inventions, tendrait à ne protéger que les découvertes inutiles ; on objecte, il est vrai, que la vie humaine ne saurait être considérée comme un objet de trafic, et que si un homme peut, sans inconvénient, se passer d'un produit industriel nouveau destiné à lui procurer une somme de satisfactions supérieure à celle qu'il obtenait des produits existants, on n'a pas le droit de dire qu'il peut se passer aussi du remède qui lui doit rendre la santé et la vie ; mais l'expropriation pour cause d'utilité publique eût remédié à cet inconvénient, sans dépouiller du fruit de leurs travaux ceux qui méritent la reconnaissance publique.

La loi allemande va plus loin encore dans cette

voie, et elle déclare non brevetables : les inventions d'aliments, d'objets de consommation et de remèdes, ainsi que de matières qui sont obtenues par des procédés chimiques, en tant que ces inventions ne sont pas relatives à un procédé déterminé pour la production de ces objets.

Pour faire rentrer dans la classe des inventions non brevetables les aliments, les objets de consommation et les remèdes, on a fait valoir les idées de charlatanerie et de monopole; pour appliquer la même règle aux produits chimiques, la commission du Reichstag s'appuya sur ce fait que c'est à l'absence de brevets que la fabrication des produits chimiques, tels que l'aniline et l'alizarine, a dû sa grande prospérité en Allemagne. « En règle générale, ajoutait le rapport (1), dans les inventions chimiques, il s'agit d'un principe ou d'une réaction qu'on ne connaissait pas jusqu'alors ou qu'on n'a pas su expliquer. Le praticien chimiste a à chercher des applications des principes, et, la plupart du temps, il est impossible de dire si la nouveauté de l'invention consiste principalement dans le principe ou dans son application. »

Le législateur allemand aurait pu négliger le côté historique de la question, car si l'Allemagne a monté des fabriques d'alizarine et d'aniline, c'est en profi-

---

(1) *V.* Traduction et annotation de M. C. Lyon-Caen, p. 8.

tant de ce que ces produits, brevetés en France, n'y pouvaient être fabriqués librement.

Quant au rôle du praticien-chimiste, nous ne voyons pas bien en quoi il diffère de celui du fabricant, qui se trouve en présence d'une invention nouvelle susceptible de perfectionnements ; toutes les inventions, par là même qu'elles étaient imprévues et qu'elles augmentent le domaine des connaissances acquises, peuvent recevoir des applications que ne découvre pas immédiatememt leur auteur et qu'un autre peut concevoir. Ce fait, qui se produit fréquemment, ne modifie en rien les droits de l'inventeur et ne peut être invoqué contre lui.

L'article 3, parag. 2, de la loi française et l'article 9, parag. 5, de la loi espagnole déclarent non brevetables les plans et combinaisons de crédit ou de finance.

Cette disposition est peut-être inutile, car elle n'est que la conséquence du caractère non industriel de ces inventions, et la loi allemande s'est abstenue avec raison d'en faire mention.

A toutes ces découvertes, qui ne sont pas susceptibles d'être brevetées, il faut ajouter celles qui sont contraires à la loi, aux bonnes mœurs, à l'ordre ou à la sûreté publique ; et il n'est pas téméraire d'espérer que celles-là seulement continueront d'être rangées dans cette catégorie, et que les autres inventions industrielles, de quelque nature qu'elles soient, seront déclarées brevetables conformément à la résolution que le congrès international de Paris, de 1878, a formulée ainsi :

« En dehors des combinaisons et plans de finance et de crédit et des inventions contraires à l'ordre public et aux bonnes mœurs, toutes les inventions industrielles sont brevetables (1). »

---

(1) Compte rendu, p. 180 et suiv.

CHAPITRE III

DÉLIVRANCE DES BREVETS

SECTION I

Des personnes qui peuvent demander un brevet d'invention.

« Le droit de l'inventeur naît de l'invention elle-
« même, et non du brevet, dit M. Pouillet; néan-
« moins, le brevet est la seule forme capable d'assu-
« rer à l'inventeur la protection de la loi. De même,
« en effet, qu'elle prescrit certaines formes pour la
« rédaction des actes de l'état civil, et ne reconnaît
« de puissance probante qu'aux actes revêtus de
« ces formes, de même elle ne permet pas de con-
« stater la naissance des inventions dans une forme
« autre que celle du brevet (1). »

---

(1) M. Pouillet, *Traité des brevets d'invention*, n° 3. Il a été jugé
d'après ces principes : que lorsqu'un produit industriel présente
dans son application le caractère d'une invention ou d'une découverte, le dépôt, qui en est fait au conseil des prud'hommes, ne peut
en assurer à l'auteur la possession exclusive, le droit de propriété
ne pouvant se conserver en pareil cas que par l'obtention d'un brevet d'invention, spécialement un système de lanternes-phares, dont
la forme et les dispositions intérieures ont pour effet de produire un

Il importe donc de déterminer exactement les formalités que doit remplir l'auteur d'une découverte, pour obtenir la protection de la loi.

Si les législations diverses étaient uniformes, on pourrait, sans difficulté et sans inconvénient, faire produire en tous lieux des effets légaux à un brevet délivré, une fois pour toutes, dans un État quelconque; mais il existe des différences essentielles entre les dispositions relatives à la délivrance des brevets d'invention; et il en résulte qu'un inventeur doit observer les formalités et remplir les conditions spécifiées par la législation intérieure de chacun des États dans lesquels il veut se faire breveter.

Dans aucun pays, en effet, on ne tient compte au solliciteur des formalités qu'il a pu remplir déjà dans d'autres États, et le titulaire d'un brevet espagnol, par exemple, doit se soumettre, pour obtenir une patente aux État-Unis, à toutes les exigences de la loi américaine; mais, d'autre part, la condition de l'étranger est en général aussi favorable que celle du national. Nous indiquerons toutefois, au chapitre des déchéances et nullités, l'effet que peut produire, sur un brevet délivré dans un État, la dé-

---

grossissement de la lumière, constitue un produit industriel dont la propriété privative ne peut être conservée que par un brevet. (Cass., **18 mars 1858**, *Propriété industrielle*, n° **14**, cité par M. Pouillet, *op. cit.*, n° **4**.)

chéance ou la nullité prononcée, dans un autre État, d'un brevet pris pour le même objet.

« Les étrangers, aux termes de l'article 27 de la loi française, pourront obtenir en France des brevets d'invention. »

L'article 28 ajoute, : « Les formalités et conditions déterminées par la présente loi seront applicables aux brevets demandés ou délivrés en exécution de l'article précédent. »

« La France, disait le rapport, s'est toujours montrée hospitalière et généreuse envers les autres nations. La première, elle a aboli le droit d'aubaine et admis les étrangers à jouir du bénéfice de ses lois. A plus forte raison, devait-elle ouvrir les portes à celui qui vient lui apporter un tribut de découvertes nouvelles. Il était digne d'elle de donner l'exemple du respect pour le droit des inventeurs sans distinction de nationalité, et d'élever la garantie pour les œuvres du génie industriel à la hauteur d'un principe de Droit public international L'exercice du commerce et de l'industrie, en effet, n'appartient-il pas essentiellement au droit des gens (1)? »

Ces principes sont universellement admis aujour-

---

(1) V. le rapport à la Chambre des députés, Huard, p. 248.

d'hui, et toutes les lois relatives aux brevets d'invention reconnaissent aux étrangers les mêmes droits qu'aux nationaux.

États-Unis. — Nous devons signaler toutefois une disposition de la loi américaine, qui porte atteinte, dans une certaine mesure, à cette égalité proclamée entre tous les inventeurs à quelque nationalité qu'ils appartiennent. Tout citoyen des États-Unis auteur d'une invention ou découverte, qui désire la mûrir plus longuement, peut, moyennant le paiement des droits prescrits, déposer au bureau des brevets un *caveat* (ou description provisoire), indiquant l'objet du brevet et ses caractères distinctifs, en demandant la protection de ses droits jusqu'au moment où son invention sera complètement étudiée. Un tel *caveat* est déposé aux archives confidentielles du bureau et gardé secret; il conserve les droits du déposant pendant un an à compter du jour du dépôt. Quant aux étrangers, ils ne sont admis à bénéficier de ce privilège que s'ils résident aux États-Unis depuis un an au moins et s'ils prêtent serment de se faire naturaliser.

. Il est assez difficile de justifier l'existence de cette différence établie par la loi, et qui repose exclusivement sur la nationalité de l'inventeur. Un citoyen des États-Unis demeurant en Angleterre, par exemple, pourra jouir de la protection provisoire résultant du dépôt d'un *careat*, tandis qu'un Anglais, établi depuis de longues années aux États-Unis, mais qui refusera de prêter le serment de se faire naturaliser, n'aura pas le droit d'effectuer le dépôt.

Ne serait-il pas plus logique, dans l'hypothèse que nous venons d'indiquer, de donner une solution absolument opposée à celle qu'exige la loi américaine? Les étrangers qui ont dans un pays leur établissement peuvent y contribuer autant que les nationaux à la prospérité de l'industrie et du commerce, il est dès lors équitable de les traiter de la même manière (1).

Nous trouvons dans la loi allemande la consécration de cette idée.

Loi allemande du 25 mai 1877. Article 12. — « Les personnes *n'habitant pas l'Allemagne* ne pourront réclamer la délivrance d'un brevet et faire valoir les droits qui en dérivent qu'autant qu'elles auront constitué un représentant en Allemagne..... »

Toutes les personnes habitant l'empire, à quelque nation qu'elles appartiennent, sont par là même

______

(1) La loi française du 23 juin 1857 sur les marques de fabrique et de commerce, par son art. 5, dispose que :

« Les étrangers qui possédent en France des établissements d'industrie ou de commerce jouissent, pour les produits de leurs établissements, du bénéfice de la loi, en remplissant les formalités qu'elle prescrit.

dispensées d'observer cette formalité ; quant aux Allemands qui n'ont pas dans leur pays une résidence fixe, ils doivent, comme les étrangers, constituer un représentant. L'idée de nationalité disparaît entièrement pour faire place à la notion de l'attachement volontaire à une patrie d'adoption.

Nous lisons dans la convention internationale les dispositions suivantes.

Convention internationale du 20 mars 1883. Article 2. — « Les citoyens ou sujets de chacun des États contractants jouiront, dans tous les autres États de l'Union, en ce qui concerne les brevets d'invention....., des avantages que les lois respectives accordent actuellement ou accorderont par la suite aux nationaux. En conséquence, ils auront la même protection que ceux-ci et le même recours légal contre toute atteinte portée à leurs droits, sou[s] réserve de l'accomplissement des formalités et des conditions imposées aux nationaux par la législation intérieure de chaque État. »

Si toutes les lois reconnaissaient aux étrangers les mêmes droits qu'aux nationaux, cet article ne présenterait aucune utilité ; mais nous avons déjà signalé le système admis en Amérique et qui devrait disparaître si cette nation entrait dans l'Union.

Nous devons citer le cas de l'Autriche-Hongrie. Cette puissance, qui avait participé à la conférence

de 1880, a refusé de prendre part à celle de 1882.
Elle a allégué que, d'après sa législation intérieure,
les droits désignés sous le nom collectif de propriété
industrielle n'étaient protégés sur son territoire,
quand ils appartenaient à des étrangers, qu'autant
que ces mêmes droits étaient protégés dans les pays
de ces étrangers, lorsqu'ils appartenaient à des
Autrichiens ou à des Hongrois. Le projet de convention n'admettant pas ce principe rigoureux de réciprocité, le Gouvernement Austro-Hongrois a déclaré
ne pouvoir adhérer à la convention (1).

Si le principe de la réciprocité eût été inscrit dans
le texte de la convention, les États qui, actuellement,
ne protègent pas les inventions (2), eussent été dans
l'impossibilité de faire partie de l'Union. Mais, dit-on,
quels avantages peut-on retirer de l'adhésion de la
Suisse, par exemple, à un acte diplomatique qui lui
confère des droits, sans lui imposer aucune charge?
La réponse à cette objection est simple; la réciprocité doit être exigée dans certains cas, lorsqu'on
fait à une nation une concession avantageuse pour
elle ; mais si, au contraire, la concession est dans
l'intérêt du pays qui la fait, alors il n'y a pas de
raison pour qu'on en fasse une condition qui prive,

---

(1) V. *Revue de Droit international*, de Gand, 1883, p. 273, article
de M. Lyon-Caen.
(2) Suisse, Hollande et Serbie.

en faveur de quelques inventeurs, la Société des avantages d'une invention nouvelle. Quand bien même on ne voudrait pas tenir compte de cette idée, que l'auteur d'une découverte ayant sur elle un droit de propriété doit être protégé quand il le demande et là où il le demande, on devrait se souvenir que c'est dans l'intérêt de l'industrie nationale qu'il faut accorder une protection aux inventeurs quels qu'ils soient, afin de les attirer en plus grand nombre dans le pays (1).

L'article 3 ajoute : « Sont assimilés aux sujets
« ou citoyens des États contractants les sujets ou
« citoyens ne faisant pas partie de l'Union, qui sont
« domiciliés ou ont des établissements industriels ou
« commerciaux sur le territoire de l'un des États de
« l'Union. »

L'extension de la protection de la propriété in-

---

(1) Il n'est pas téméraire d'espérer d'ailleurs que, tous les gouvernement constitués à l'état d'union, pour la protection de la propriété industrielle, seront en mesure de faire adopter par les pouvoirs compétents les lois qu'ils n'ont pas encore pour protéger la propriété industrielle.

Le congrès réuni à Rome a, dans sa séance du 1er mai 1886, émis le vœu suivant :

« Les États faisant partie de l'Union, qui ne possèdent pas de lois
« sur toutes les branches de la propriété industrielle, devront com-
« pléter, dans le plus court délai possible, leur législation sur ce
« point.

« Il en sera de même pour les États qui entreraient ultérieurement
« dans l'Union » *Archives diplomatiques*, avril 1887, p. 20 et suiv. »

dustrielle, disent avec raison MM. Albert Cahen et
L. Lyon-Caen (1), aux étrangers domiciliés dans un
pays, ou y exerçant un commerce, ne peut nuire à
aucun intérêt et nous semble être une application
de cette règle de probité moderne, de plus en plus
consacrée, et qui fait de la propriété industrielle
un droit naturel, simplement réglementé, mais non
créé par la loi. C'est en même temps une conséquence de la reconnaissance, au profit de l'étranger,
des droits civils que lui accordent le plus grand
nombre des lois actuelles, sur le territoire où il
réside.

La Chambre de commerce de Paris proteste énergiquement contre l'assimilation opérée par l'article 3:
« Nous assimilons, dit-elle, aux citoyens des nations
qui ont adhéré les sujets des États ne faisant pas
partie de l'Union, pourvu qu'ils aient leur domicile,
ou un établissement soit industriel, soit commercial,
sur le territoire de l'un des États de l'Union. Ainsi,
le sujet d'une nation ne faisant pas partie de l'Union
jouira des mêmes droits que si la nation était contractante, par le seul fait qu'il aura son domicile ou
une location commerciale de l'importance la plus
minime sur le territoire d'une nation contractante. »

---

(1) De la convention conclue à Paris entre divers États, le 20 mars
1883. — *Bulletin de l'Association des inventeurs et artistes industriels,*
15 novembre 1885.

Cette interprétation fournie par la Chambre de commerce de Paris n'est pas exacte ; deux cas sont prévus : — l'étranger a un domicile, — ou bien il a un établissement industriel ; s'il a son domicile en France, par exemple, c'est qu'il y a établi son principal établissement, après avoir reçu l'autorisation du Gouvernement ; s'il a un établissement industriel ou commercial, son installation doit présenter tous les caractères d'une véritable exploitation industrielle ; aucun doute ne peut s'élever à cet égard, et le congrès réuni à Rome, en 1886, pour bien préciser le sens de l'article 3, a adopté le projet de règlement suivant, à titre de disposition explicative.

« Pour pouvoir être assimilés aux sujets ou citoyens des États contractants, aux termes de l'article 3 de la convention, les sujets ou citoyens d'États ne faisant pas partie de l'Union, et qui, sans y avoir leur domicile, possèdent des établissements industriels ou commerciaux sur le territoire de l'un des États de l'Union, doivent être propriétaires exclusifs desdits établissements, y être représentés par un mandataire général et justifier, en cas de contestation, qu'ils y exercent d'une manière réelle et continue leur industrie ou leur commerce (1). »

L'acte diplomatique dont il s'agit ne porte donc

____

(1) Journal du *Droit international privé*, par M. Clunet, 1886, p. 266.

atteinte à aucun droit, et il consacre une opinion généralement admise et universellement professée, en accordant la même protection à tous ceux qui font prospérer l'industrie et le commerce de la nation dans laquelle ils se trouvent, que cette nation soit leur patrie d'origine ou leur patrie d'adoption.

L'administration qui, d'après nous, ne doit pas tenir compte de la nationalité de celui qui demande un brevet, doit-elle rechercher si la personne qui requiert la délivrance du titre est l'auteur véritable de l'invention?

Les lois de la Grande-Bretagne, des États-Unis, de la Finlande, du Mexique, des Indes Orientales résolvent affirmativement cette question.

Loi anglaise, 25 août 1883. — Article 5, par 2. « La demande de brevet doit contenir la déclaration que le demandeur possède une invention dont il affirme être le premier et véritable inventeur. '»

La même disposition se trouve dans la loi américaine (1) (Règle 39 et règle 45). Ces lois ont voulu

---

(1) Règle 39. — « Tout demandeur doit indiquer distinctement, sous serment, si l'invention a été brevetée, en pays étranger, en son nom ou au nom d'un tiers, avec son consentement ou à sa connaissance », etc.

Règle 45. — « Le demandeur, s'il est l'inventeur, doit prêter serment ou affirmation qu'il se croit vraiment le véritable et premier auteur de la découverte... pour laquelle il sollicite un brevet, faire acte de justice envers le génie d'invention, rémumérer son travail, reconnaître son service en ne permettant l'obtention d'un brevet qu'au profit du véritable inventeur ou de ses légitimes ayants droit ; mais la vérification de la qualité du demandeur est tellement difficile qu'il est permis de se demander si la formalité légale, dont nous venons de parler, est capable de produire les résultats que les législateurs ont eu en vue.

N'est-il pas plus simple d'écrire la formule générale des conditions destinées à garantir à la Société la possession de la découverte nouvelle, en se contentant de connaître la personne qui effectue la livraison de l'invention à la Société ? On l'a pensé en France, en Italie, en Belgique, en Espagne et dans la plupart des États où la délivrance des brevets n'est pas soumise à la justification de la qualité d'inventeur.

Ce n'est pas à dire, toutefois, que l'auteur véritable d'une découverte doive être dépouillé sans retour par celui qui, après lui avoir volé son invention, l'aurait fait breveter. Mais nous croyons qu'il faut

---

et qu'il ne croit et ne pense pas que jamais avant elle fût connue ou mise en usage; il indiquera en outre de quel pays il est citoyen et quel est son domicile. »

Règles pratiques du bureau des brevets des États-Unis revisées le 1er décembre, avec un supplément du 1er mars 1880.

chercher ailleurs que dans la prestation d'un serment la garantie des droits du véritable inventeur.

Nous aurons l'occasion d'étudier, dans la section suivante, les divers moyens qui peuvent être employés pour obtenir le résultat souhaité, et pour assurer à celui qui les a exécutés la récompense due à ses travaux.

SECTION II

Formes et conditions de la délivrance des brevets.

Quelques États, parmi lesquels nous citerons l'Allemagne, l'Angleterre et les États-Unis d'Amérique, soumettent la délivrance des brevets d'invention à la formalité d'un examen préalable ; les autres, en plus grand nombre, ont une législation analogue à la nôtre, et d'après laquelle un brevet est délivré à toute' personne qui, prétendant avoir fait une découverte, remplit les formalités administratives prescrites.

Loi allemande du 25 mai 1877. — La loi allemande a organisé une juridiction spéciale, sous le nom d'Office des brevets d'invention, à laquelle elle a donné des attributions administratives et judiciaires. Cet Office est en effet chargé de la délivrance des brevets, qui est un acte administratif, et de la déclaration de nullité aussi bien que du retrait des

brevets qui donne lieu à des sentences judiciaires (1).
Le rapport de la commission du Reichstag, destiné à
justifier la réunion dans les mêmes mains de ces
deux attributions, dit que le renvoi aux tribunaux
ordinaires aurait empêché l'unité de la jurisprudence, et que le renvoi à un tribunal spécial ne
se comprendrait que si l'Office des brevets ne présentait par de garanties suffisantes.

La même juridiction se trouve par là même chargée d'accorder les brevets et de les révoquer.

La demande d'un brevet d'invention est adressée
par écrit à l'Office (une demande est nécessaire pour
chaque invention); elle doit contenir la réquisition
de la délivrance d'un brevet et l'indication précise
de l'objet qu'on veut protéger. Dans une annexe,
l'invention doit être décrite de telle façon que son
application par des spécialistes semble possible
(art. 20).

Dès que la demande est parvenue aux examinateurs, ils recherchent si elle est régulière quant à la
forme ; les irrégularités, s'il en existe, sont signalées
au demandeur qui, dans un délai qui lui est imparti, doit les faire disparaître (art. 21) sous peine de

(1) — Art. 13. « La délivrance, la déclaration de nullité et le
retrait des brevets émaneront de l'Office des brevets d'invention. »
V. Loi du 25 mai 1877 sur les brevets d'invention dans l'empire
d'Allemagne, traduite et annotée par M. Ch. Lyon-Caen.

voir rejeter sa requête et d'être contraint, s'il veut la reproduire, de payer de nouveau les frais de la procédure.

Ce premier examen terminé, l'Office procède à un second examen, qui porte sur la question complexe de savoir si l'invention est brevetable aux termes des articles 1 et 2; c'est-à-dire, si elle est susceptible d'une exploitation industrielle, si elle ne porte pas sur un des objets déclarés non brevetables et si enfin elle est nouvelle (art. 22, *in fine*).

L'auteur d'une découverte est donc à la discrétion de l'Office des brevets qui apprécie, à charge d'appel il est vrai, mais à l'aide des seuls documents qui lui sont fournis, et sans entendre l'intéressé, la valeur de la demande.

La découverte est-elle susceptible d'une application industrielle? Doit-elle être rangée parmi les inventions brevetables? Peut-elle être réputée nouvelle? Telles sont les questions que résout arbitrairement la juridiction spéciale qui fonctionne en Allemagne; et son pouvoir est d'autant moins facile à justifier, que le caractère industriel d'une découverte et son utilité peuvent souvent échapper à l'attention des juges, et ne se révéler que par l'usage et par la pratique, surtout s'il s'agit d'une application nouvelle de moyens connus; quant à la nouveauté, elle soulève des questions nombreuses et délicates, qu'il est pour ainsi dire impossible de trancher *a priori*. Tandis que certaines lois exigent une nouveauté absolue, en disposant que « ne sera pas réputée nouvelle toute découverte, invention ou application qui, en quelque lieu que ce soit, et antérieurement au dépôt de la demande, aura reçu une publicité suffisante pour pouvoir être exécutée » (1). Nous savons que la loi allemande distingue entre la publicité par voie d'impression et la publicité par voie d'application industrielle ; la première pouvant être invoquée à l'encontre du breveté alors même qu'elle se serait produite à l'étranger, la seconde ne lui étant opposable que si elle a eu lieu dans le pays même (art. 2). Est-il possible de croire que les examinateurs auront une connaissance assez approfondie de toutes les publications qui auront pu être faites dans toutes les langues et dans tous les pays, pour avoir présentes à la mémoire les antériorités opposables au demandeur? Pourront-ils, à la simple lecture de la description de la découverte et sans avoir vu fonctionner la machine, si c'en est une qu'on veut faire breveter, décider, en connaissance de cause, qu'elle n'est que la reproduction d'une machine déjà existante? Il est bien difficile de le penser.

____

(1) Art. 31 de la loi française du 5 juillet 1844.

Ces considérations n'ont pas arrêté le législateur allemand qui a donné à l'Office des brevets le droit de rejeter la demande introduite devant lui s'il juge que l'invention n'est pas brevetable. « Si l'Office des « brevets estime, dit l'art. 22, que la demande est « régulière et que l'invention est brevetable, il ordon- « nera la publication de la demande. Dès le jour de « cette publication se produiront provisoirement « les effets légaux de la délivrance d'un brevet pour « l'objet de la demande. »

A peine le solliciteur a-t-il traversé la double épreuve que nous venons d'indiquer qu'une nouvelle épreuve s'impose à lui.

On insère au Journal officiel de l'empire son nom et l'objet essentiel de sa demande, on expose à l'Office des brevets la description de sa découverte et les annexes, afin de provoquer les intéressés à former opposition à la délivrance du brevet, s'ils pensent que l'invention n'est pas nouvelle ou n'est pas originale (1).

____

(1) Nous avons dit ce qu'il fallait entendre par nouveauté. Quant à l'originalité, pour employer l'expression adoptée par M. Klostermann, elle est exigée en ces termes par l'art. 3, parag. 2 : « Celui-là n'a pas droit à la délivrance d'un brevet qui a fait une « déclaration dont le contenu essentiel est emprunté à des descrip- « tions, à des dessins, à des modèles, à des instruments ou des « dispositions dont une autre personne est l'auteur, ou à un procédé « employé par celle-ci sans son consentement, si cette personne « fait opposition en se fondant sur ce motif. »

Le défaut de nouveauté et le défaut d'originalité (aussi bien que le défaut de brevetabilité, dont nous n'avons pas à parler ici parce que la loi n'admet pas qu'il puisse motiver une opposition) sont des causes de nullité qui empêcheraient le brevet, même délivré, d'avoir la moindre valeur et qui, après qu'il aurait été annulé, le feraient considérer comme n'ayant jamais existé ; mais le législateur allemand a cru bon de chercher à découvrir immédiatement les vices qui pouvaient être rendus manifestes plutôt que d'attendre, et il a organisé à cet effet une procédure dite provocatoire.

Les oppositions sont reçues par l'Office pendant huit semaines à partir de la publication au Journal officiel de l'empire.

Si l'opposition est fondée sur ce fait que la découverte n'est pas nouvelle, toute personne peut la former et établir, sans avoir à prouver son intérêt actuel, que l'invention a été décrite dans deux ouvrages imprimés rendus publics, ou qu'elle a été appliquée publiquement en Allemagne. Celui-là seul, au contraire, peut reprocher au demandeur son manque d'originalité qui a fait la découverte pour laquelle un brevet est demandé.

Nous trouvons dans ces deux cas l'application de l'idée qu'un monopole ne peut être conféré au breveté aux dépens du domaine public, ou d'un patri-

moine privé ; il le serait aux dépens du domaine
public, c'est-à-dire de la masse des citoyens, si l'invention n'était pas nouvelle, et c'est ce qui explique
que toute personne aie le droit de former opposition
en se fondant sur le défaut de nouveauté ; il le serait
aux dépens d'un patrimoine privé si la découverte
manquait d'originalité, c'est à-dire si l'objet prin
cipal avait été emprunté aux descriptions, aux modèles, aux instruments ou arrangements appartenant à une autre personne ou à un procédé appliqué
par elle sans son consentement, et, dans ce cas, la
personne lésée peut seule faire opposition à la délivrance du brevet, car il n'y a en jeu d'autre intérêt
que le sien.

Après l'expiration du délai de huit semaines,
l'Office des brevets statue ; si des opposants se sont
présentés, leur prétention est examinée ; ils peuvent
être cités, ainsi que le demandeur, des experts peuvent être convoqués.

Dans les quatre semaines qui suivent la signification de la résolution prise, un recours peut être
formé contre elle par les intéressés.

Aux termes de l'article 26 : « Si la délivrance du
« brevet est décidée définitivement, l'Office fait con-
« naître sa décision par la voie du Journal officiel
« de l'empire et délivre immédiatement au breveté
« un titre.

« Si le brevet est refusé, la résolution repoussant
« sa demande doit aussi être publiée. Le refus fait
« considérer comme non avenus les effets de la
« protection provisoire. »

Résumé. — Il importe de distinguer soigneusement les deux phases de l'examen ; durant la première, l'Office des brevets statue sans débat contra-
dictoire et peut rejeter la demande *de plano*, soit
que l'inventeur n'ait pas rempli les formalités imposées par la loi, soit que l'invention ne paraisse pas
brevetable ; durant la seconde, l'Office juge les oppositions qui sont faites à la délivrance, admise en
principe, en suivant les règles d'une procédure déterminée : c'est le jugement d'une action en nullité
qui, dans les pays de non-examen préalable, ne peut
être intentée qu'après la délivrance du brevet.

Toute résolution de l'Office peut être déférée, dans
les quatre semaines de la signification, au tribunal
suprême de Leipzig.

Le demandeur reçoit successivement, les pièces
suivantes :

Le certificat de dépôt ;

Les lettres ou communications officielles du Patent Amt en cas d'objections ;

Le certificat ou avis de la publication provisoire
de l'invention dans le *Moniteur officiel* de l'Empire ;

Les avis d'opposition ;

La notification de l'acceptation ou du refus
définitifs ;

Un avis indiquant, en cas de délivrance, sous quel
numéro le brevet sera enregistré ;

Enfin la délivrance du titre officiel comportant,
en outre de l'arrêté, la description et le dessin
imprimés.

États-Unis d'Amérique. *Loi du 22 juin 1874,* et
décret du 1ᵉʳ mars 1886.— Nous avons eu l'occasion
de parler déjà de la protection qui résulte, pour l'inventeur américain [ou pour l'étranger qui a habité
les États-Unis, pendant au moins un an, et a prêté
serment de se faire naturaliser], du dépôt au bureau
des brevets d'un *caveat*.

Le *caveat* est un acte contenant le serment, une description de la découverte et des dessins destinés à l'expliquer s'il y a lieu ; il doit être limité à une seule invention ou à un seul perfectionnement ; déposé aux
archives confidentielles du bureau, il permet à son
auteur de mettre la dernière main à son invention
sans avoir à craindre qu'un concurrent peu loyal ou
qu'un émule arrivant après coup la fasse breveter
à son profit. Ces effets se produisent durant un an,
à partir du dépôt (qui doit être accompagné du paiement de 10 dollards, soit 52 fr.), ou de la demande
en renouvellement qui peut être formée après chaque année ; et s'il arrive qu'à un moment quel-

conque de l'année qui suit le dépôt ou le renouvellement d'un *caveat*, une autre personne dépose une demande avec laquelle la description remise au bureau soit en rapport de quelque manière, ladite demande reste en suspens, avis est donné à celui qui a déposé le *caveat* et trois mois lui sont impartis pour intervenir, prouver la priorité de sa découverte et obtenir le brevet.

Le système des *caveat* n'a pas pour effet de protéger les inventions à proprement parler; il est destiné simplement à assurer à l'inventeur un droit de priorité dans les demandes en brevet; mais c'est seulement par une demande régulière qu'on peut obtenir une patente assurant définitivement à son titulaire le droit exclusif de tirer parti de la découverte.

Les demandes de brevet doivent être adressées au commissaire des brevets. Une demande complète comprend : la description, le serment que l'on croit être le premier et véritable auteur de la découverte les dessins, modèles ou échantillons quand ils sont requis, la première taxe (de 15 dollars, soit 78 fr.) et les revendications spéciales et distinctes des parties, modifications ou combinaisons que le demandeur considère comme étant les objets de son invention ou découverte.

La demande doit être complétée et préparée pour

l'examen dans les deux ans qui suivent l'envoi de la pétition au commissaire ; si le demandeur néglige dans ce délai de poursuivre la délivrance de sa patente, on le prévient que sa requête sera considérée comme abandonnée s'il n'est pas démontré, à la satisfaction du commissaire, que le retard était inévitable.

Toutes les causes sont classées et prises pour être examinées dans un ordre régulier, toutes celles qui font partie d'une même classe étant examinées et jugées, autant que possible, dans l'ordre du dépôt de leurs demandes complètes respectives.

Le premier point est de déterminer si, sous tous les rapports, les pièces transmises sont régulières quant à la forme ; dans le cas où les prescriptions de la loi n'ont pas été observées, le demandeur en est averti et mis à même de réparer les fautes, erreurs ou négligences qu'il a commises.

Après ce premier examen, le question se pose de savoir si l'invention est nouvelle et si elle est brevetable : nous n'étudierons pas en détail la procédure établie par la loi, nous nous contenterons de transcrire la règle 65 du bureau des brevets. « Lorsqu'une demande est rejetée pour défaut de nouveauté, l'examinateur doit citer les meilleures références qu'il a à sa disposition. S'il cite des brevets, il doit indiquer leurs dates, leurs numéros, les noms des brevetés et leurs classes. Lorsque les références montrent ou dérivent d'autres inventions que celle revendiquée par le demandeur, la partie spéciale qui s'y rapporte sera désignée aussi exactement que possible. L'autorité de la référence, si elle n'est pas évidente, doit être clairement expliquée et la revendication anticipée doit être spécifiée. Si des publications imprimées sont citées, il faudra en indiquer le titre, la date, la page ou planche, ainsi que l'endroit où la publication a été faite, ou la place où une copie peut être obtenue. Lorsque la référence mentionne des faits de connaissance personnelle d'un employé du bureau, les données seront aussi exactes que possible et la référence doit être supportée par l'*affidavit* (serment) dudit employé, lequel sera mis en présence de la contradiction, explication et corroboration des *affidavit* du demandeur et d'autres personnes......

Cette citation suffit pour montrer quelle est la tâche des examinateurs et pour prouver que, quelle que soit leur bonne volonté, ils ne peuvent avoir des connaissances assez étendues pour procéder à un examen complet et sérieux. M. Barrault (1) donne un tableau indiquant le nombre de brevets demandés et obtenus aux États-Unis durant une période de

(1) Législation des États-Unis pour les brevets d'invention.

20 ans, de 1842 à 1873 ; nous prenons les 4 dernières années et nous voyons :

qu'en 1870, sur 19.171 demandes, 13.321 patentes furent accordées

qu'en 1871   — 19.472   —   13.033   —   —   —

    1872   — 18.246   —   13.590   —   —   —

    1873   — 20.414   —   12.864   —   —   —

Il est bien évident qu'une élimination plus forte se
serait produite d'elle-même, au bout de la première
année d'exploitation des découvertes, si on les eût
brevetées sans examen ; les frais eussent été moindres
et toutes les causes d'erreur évitées.

Si une demande rejetée une première fois par
l'examinateur lui est de nouveau soumise et qu'elle
subisse le même sort, le demandeur peut faire appel de la décision devant le Comité des examinateurs
en chef ; leur résolution peut elle-même être déférée
au commissaire en personne qui juge, lui aussi, à
charge d'appel devant la Cour suprême de Colombie
siégeant en Cour de justice.

Nous ne pouvons, dans le cadre restreint de cette
étude, faire un exposé complet et détaillé de la loi en
vigueur aux État-Unis ; qu'il nous suffise de dire
qu'en observant certaines règles, d'ailleurs fort com-
pliquées, il est possible, avant la délivrance du brevet,
et tant que dure l'examen, de modifier les termes de

la demande; ce droit subsiste, même après la délivrance de la patente qui peut subir des modifications.

Quant au droit d'opposition que la loi allemande confère à certaines personnes, il existe dans la législation que nous étudions, mais son exercice est soumis à des formalités spéciales.

L'auteur du dépôt d'un *caveat* est, nous le savons, appelé à contredire une demande formée postérieurement à son dépôt, quand les objets décrits sont les mêmes; mais il y a plus, la loi a créé une procédure particulière, dite d'*interférence*, dans le but de déterminer la question de priorité d'une invention entre deux ou plusieurs parties réclamant la même invention.

Le fait qu'une personne a déjà obtenu une patente n'empêche pas l'interférence, car, bien que le commissaire ne puisse annuler le titre déjà délivré, il peut aussi donner une patente au premier inventeur, de manière à placer les deux parties sur un pied d'égalité devant les Cours et le public.

Le rôle des juges examinateurs est donc, à quelque différence près, le même qu'en Allemagne, puisque dans les deux pays l'examen porte sur les questions de forme, de nouveauté et de brevetabilité, et que certaines causes de nullité sont jugées avant la délivrance du titre.

Résumé. — Le dépôt des pièces exigées a lieu au Patent Office de Washington qui délivre un certificat de dépôt portant un numéro provisoire ; la taxe à payer lors du dépôt est de 15 dollars.

Si les pièces présentées à l'appui sont régulières, l'invention est soumise à un examen qui porte sur la brevetabilité et sur la nouveauté.

L'examinateur peut rejeter la demande s'il trouve qu'il n'y a pas matière à brevet ou bien s'il découvre des patentes ou des publications antérieures, aux États-Unis ou à l'étranger, qui lui paraissent décrire la même invention, soit, en totalité, soit en partie.

Il signale ces antériorités à l'inventeur qui peut réfuter les objections de l'examinateur en démontrant que les patentes ou les publications opposées décrivent des dispositions différentes dans telles ou telles parties ou dispositions de celles faisant l'objet de sa demande.

Si la réponse de l'inventeur paraît concluante, la délivrance est ordonnée et la patente est délivrée avec son numéro définitif. La date de *délivrance* est la véritable date du titre.

Pour que cette délivrance soit ordonnée, il faut que l'inventeur verse préalablement une deuxième taxe de 20 dollars.

Dans le cas où les réfutations de l'inventeur ne paraîtraient justifiées qu'en partie, l'examinateur peut demander que la description et les dessins soient modifiés.

L'inventeur peut amender et modifier les pièces autant de fois que l'examinateur présentera des objections. Après une décision définitive de l'examinateur, on peut en appeler à l'assemblée des examinateurs en chef. Si la décision de cette assemblée ne satisfait pas le demandeur, il peut en appeler auprès du commissaire des patentes en personne et ensuite en dernier ressort à la Cour suprême de justice du district de Columbia. En pratique, il est rare que les inventeurs, surtout les étrangers, ne se soumettent pas purement et simplement à la décision des examinateurs qui est souvent bien motivée.

Grande-Bretagne.— *Loi du 25 août 1882.*— En Angleterre, l'examen préalable comporte moins d'arbitraire que dans la législation que nous venons d'exposer.

Le contrôleur général de l'Office des brevets, assisté de plusieurs examinateurs, lorsqu'il reçoit une demande, recherche si l'invention a été complètement et loyalement décrite ; si la demande, la spécification et les dessins ont été préparés conformément aux prescriptions de la loi ; si le titre indique suffisamment l'objet de l'invention ; enfin, si l'invention n'est pas contraire aux lois ou aux bonnes mœurs. Quand l'une de ces conditions fait défaut, le

demandeur est invité à faire disparaître les irrégularités signalées; mais il peut, au lieu de s'incliner
devant la décision du contrôleur, la déférer au
magistrat (law officier).

Dès que la demande est agréée, on délivre le brevet (1), à moins que, avant qu'il ne soit expédié, une
autre demande ne se produise accompagnée d'une
spécification portant un titre identique ou similaire;
dans cette hypothèse, l'examinateur doit faire connaître dans son rapport au contrôleur si la spécification lui paraît contenir exactement la même invention et, dans le cas de l'affirmative, les deux concurrents sont prévenus et le contrôleur décide (à
charge d'appel devant le magistrat) auquel des deux
le brevet doit être accordé (en s'inspirant de cette
règle, posée par l'article 5, que le premier inventeur
a seul droit à la délivrance du brevet).

La procédure se complique dans certains cas ;
l'inventeur n'est pas tenu, en effet, de fournir dès
l'abord une description complète et détaillée de son
invention ; il peut se contenter de joindra à sa
requête ce que la loi appelle une spécification pro-

---

(1) Nous employons à cause de sa brièveté une formule inexacte
car le brevet n'est pas délivré immédiatement après l'examen; la
loi anglaise, comme la loi allemande, admet en effet certaines personnes à faire opposition à la délivrance. Voir *infrà*.

visoire, indiquant la nature de l'invention, avec dessins explicatifs s'il y a lieu ; mais une demande faite dans cette forme, sous peine d'être considérée comme abandonnée, doit être complétée, dans le délai de neuf mois, par une spécification complète. Cette dernière donne à l'invention un titre clair et définitif, elle décrit sa nature et son mode d'application, elle l'expose dans tous ses détails, de telle sorte qu'il soit possible de la réaliser dans la suite, elle contient enfin un exposé complet des revendications de l'inventeur.

Le demandeur a, par là même, la faculté de retarder l'exposé complet de sa découverte; il peut la modifier dans les détails, la perfectionner sans craindre qu'elle soit publiée et perdre ainsi le caractère de la nouveauté absolue exigée par certains États, comme une condition essentielle de brevetabilité ; mais s'il peut y apporter des changements de détail, il n'a pas la faculté de la modifier essentiellement.

Aux termes de l'article 9.— 1° l'orsqu'une spécification complète aura été fournie après une provisoire, le contrôleur les renverra à un examinateur pour s'assurer que la spécification complète a bien été établie dans les règles prescrites, et que l'invention détaillée dans ladite spécification est, en substance, identiquement la même que celle qui fait l'objet de la spécification provisoire.

Appel pourra être interjeté de la décision rendue devant le magistrat.

Quand la concordance des deux descriptions est admise, on procède à l'examen détaillé dont nous avons indiqué les règles plus haut. Nous arrivons alors à la seconde phase de la procédure : aussitôt l'acceptation de la spécification complète (1), le contrôleur la fait connaître au public, à la vue duquel on soumet la demande, la description et les dessins, s'il en a été fourni.

Comme en Allemagne, cette publication est le point de départ d'un délai de deux mois accordé à ceux qui veulent faire opposition à la délivrance du brevet.

L'article 11 donne à *toute personne* le droit de s'opposer à l'expédition du brevet, si la *découverte n'est pas nouvelle,* par suite d'un brevet déjà pris dans le Royaume-Uni ou même simplement demandé, et il accorde le même droit à celui qui prétendrait être l'auteur ou le représentant de l'auteur véritable de la découverte.

Les oppositions sont jugées par le contrôleur à charge d'appel devant le magistrat qui peut s'entourer de tous les documents et renseignements qu'il

---

(1) Cette acceptation doit se produire dans les douze mois qui suivent la demande (sauf le cas d'appel); à l'expiration de ce délai, la demande est considérée comme nulle. (Art. 9-4°.)

juge utiles ; si le demandeur triomphe, on lui délivre son titre qui porte la date du jour de la demande.

Il serait inexact de croire que le brevet, une fois scellé, ne puisse subir aucune modification ; la loi anglaise, qui permet à l'inventeur d'indiquer sommairement l'objet de sa découverte, avant de la décrire entièrement, lui reconnaît le droit de modifier la spécification qu'il a présentée comme définitive et complète ; à l'imitation de la législation américaine, elle l'autorise à changer les termes de sa description, soit qu'il la juge trop peu explicite, soit qu'il estime avoir revendiqué comme lui appartenant à titre privatif des choses déjà tombées dans le domaine public, ou qu'il ait négligé d'indiquer toutes les applications de sa découverte.

Les articles 18, 19 et 20 posent les règles à suivre, tant par celui qui poursuit le changement que par le contrôleur chargé de l'apprécier et de l'autoriser, sauf appel devant le magistrat, et par le tiers qui voudrait s'opposer à la modification. Quand l'addition ou le retranchement, qui ne peut d'ailleurs modifier essentiellement la découverte primitivement brevetée, est admis, il fait partie intégrante du brevet sans qu'il soit permis néanmoins à l'inventeur de se prévaloir de son titre transformé et renouvelé, dans une poursuite intentée pour des faits antérieurs à la modification.

L'article 21 ordonne de publier toute modification à une spécification.

Loi française du 5 juillet 1844. — Si nous comparons aux systèmes allemand, américain et anglais le système français, nous sommes frappé des différences essentielles qui se révèlent entre eux.

La délivrance d'un brevet n'est, en France, qu'une simple formalité administrative ; l'inventeur, ou plus exactement la personne qui veut prendre un brevet, à la seule condition de justifier du paiement de la taxe, et d'observer certaines formalités, est admise à faire la déclaration d'une découverte et à se faire délivrer un certificat destiné à constater sa prétention et à lui assurer les prérogatives attachées au brevet. Aucune autorité n'a mission d'apprécier l'utilité ou la nouveauté de la prétendue invention.

« Quiconque, dit l'article 5, voudra prendre un
« brevet d'invention devra déposer sous cachet, au
« secrétariat de la préfecture, dans le département
« où il est domicilié, ou tout autre département, en
« y élisant domicile :
« 1° Sa demande au Ministre du commerce et
« de l'agriculture ;
« 2° Une description de la découverte, invention ou
« application faisant l'objet du brevet demandé ;
« 3° Les dessins ou échantillons qui seraient né-
« cessaires pour l'intelligence de la description ;

« 4° Un bordereau des pièces déposées.

Le Ministre délivre le titre sollicité sans prendre d'autre soin que celui de savoir si les formalités extérieures ont été remplies. Les attributions administratives et judiciaires sont nettement séparées: les tribunaux seuls ont le pouvoir d'apprécier, après l'obtention du brevet, les caractères de l'objet auquel il s'applique et de juger la nouveauté et l'utilité industrielle de l'invention.

Toutefois, le Ministre a le devoir de s'assurer que les règles de forme imposées pour la rédaction de la demande ont été scrupuleusement observées; il doit en particulier exiger qu'un titre soit donné à l'invention, que la protection ne soit réclamée que pour un objet unique, et il pourrait, d'après la majorité des auteurs, rejeter la demande s'il s'agissait d'une découverte qualifiée de composition pharmaceutique.

Un grand nombre de jurisconsultes enseignent, et nous le pensons également, qu'un recours devant le Conseil d'État est ouvert contre l'arrêté ministériel dans les trois mois de sa notification. Il peut être exercé par l'inventeur qui a vu sa requête écartée ou par un tiers, ayant un intérêt né et actuel, qui prétendrait que l'arrêté par lequel le Ministre a délivré un brevet est illégal et viole un droit acquis; mais cette procédure ne saurait être appliquée que très exceptionnellement, si elle touche aux questions de priorité d'invention que peut faire naître le brevet. Nous disons très exceptionnellement, car nous pensons que, dans certains cas, il sera possible d'introduire, sous forme d'opposition à la délivrance du titre, de véritables questions de nullité, et nous ne serions pas éloigné d'accorder au Ministre, à charge d'appel devant le Conseil d'État, les prérogatives que les lois allemande et anglaise confèrent à l'Office des brevets d'invention quand, au cours de l'examen auquel la demande est soumise, un tiers fait opposition en se basant sur ce fait, que l'invention lui a été dérobée (1).

Nous ne concéderions à personne le droit de former opposition, sous le prétexte que l'invention ne serait pas nouvelle ou qu'elle porterait sur un objet non brevetable.

Quelque intéressante que soit cette question en théorie, sa solution présente actuellement peu d'intérêt pratique, car, dit M. Pouillet, « en fait, le Ministre ne tient aucun compte des oppositions qui sont formées entre ses mains à la délivrance des bre-

---

(1) En ce sens : M. Pouillet, *Brevets d'invention*, p. 131 ; — Blanc, p. 546.

Contrà : Renouard, nº 85 ; — Nouguier, nº 185 ; — **Bédarride**, nº 172 ; — Ruben de Couder, vº *Brevet d'invention*, nº 272.

vets, et les délivre aux risques et périls de qui de droit (1). »

En cas de rejet de la demande, l'inventeur peut la reproduire en se soumettant aux formalités qu'il avait négligé d'observer et dont l'inobservation avait motivé le refus ministériel ; mais, dans aucune hypothèse, il n'est permis de modifier une description ou d'apporter un changement quelconque aux pièces fournies, quand le titre a été obtenu.

L'économie de ce système est donc de refuser à l'autorité administrative le droit d'apprécier l'invention, pour ne lui permettre que de juger les qualités extérieures de la demande.

L'Espagne, la Belgique, l'Italie, l'Autriche et un grand nombre d'autres États délivrent également des brevets sans examen préalable.

Il est nécessaire, pour juger les diverses législations que nous avons analysées, de ne pas confondre l'examen auquel se livre l'Office des brevets, en Allemagne, en Angleterre et aux États-Unis, dès qu'une demande lui est soumise, et qui peut en entraîner le rejet, avec la procédure suivie devant le même Office quand il a été fait opposition à la délivrance, par une personne intéressée ; on peut, en effet, condamner

---

(1) *Brevets d'invention*, n° 131, p. 133.

l'usage de l'examen préalable proprement dit, et adopter le système des oppositions.

« Un brevet accordé sans examen préalable, disait au congrès de Paris un savant jurisconsulte allemand (1), ressemble à un lingot d'or ou d'argent qui n'a été essayé ni par la balance, ni par la pierre de touche. Quiconque voudra acheter ou le brevet entier, ou bien l'autorisation d'exploiter, devra faire l'examen préalable lui-même, pour s'assurer ainsi que le brevet est valable. Le brevet examiné préalablement, au contraire, serait une sorte de monnaie ; les inventeurs, les ouvriers sans fortune pourraient, après avoir obtenu un brevet, trouver des capitaux, du crédit chez les banquiers, afin d'exploiter leurs inventions. »

L'examen préalable mérite-t-il ces éloges? Peut-il produire ces merveilleux résultats? Il nous semble que ni la balance ni la pierre de touche ne peuvent être fournies par l'Office des brevets d'invention.

En Allemagne, par exemple, la demande doit être repoussée si l'invention n'est pas nouvelle ; en admettant que les examinateurs soient intelligents et honnêtes, il leur est matériellement impossible d'apprécier la nouveauté d'une découverte qui ressemble à beaucoup d'autres, et de comparer le brevet

____

(1) M. Klostermann, Congrès 1878. Compte rendu, p. 188.

demandé aux innombrables brevets existants, juxtaposés pour ainsi dire, et qui, partant d'un principe
commun, présentent cependant, dans l'application,
des différences qui constituent l'invention. Le tribunal spécial chargé de statuer n'entend que lui-
même ; il procède sans contradiction, il prononce
dans des causes inconnues où l'expérience serait la
seule procédure convenable, et on ne supplée pas à
l'expérience. A ceux qui croiraient qu'il suffit d'examiner attentivement une découverte pour juger de
sa nouveauté et de son utilité, il suffit de rappeler
que les tribunaux eux-mêmes ont souvent reconnu
que le meilleur criterium était de savoir comment
l'invention avait été accueillie par l'industrie. Un
jugement du tribunal civil de Boulogne, du 20 mai
1859, rendu dans une affaire Pearson et Tophane
contre Mullier (journal de la *Propriété industrielle*,
n° 76), considère que la vogue qu'obtient un produit à son apparition peut être considérée comme
une preuve de sa nouveauté. Un jugement du tribunal civil de la Seine, du 24 mai 1860, dans une
affaire Ginet contre Guinet (*Propriété industrielle*,
n° 123), déclare que la preuve de la nouveauté d'une
invention peut s'induire d'un traité passé avec
une maison de commerce qui, s'occupant exclusivement du commerce dont il s'agit, est plus que
personne au courant de l'état industriel.

Un Américain, critiquant la loi de son pays, écrivait (1) de Washington, au mois de février 1869, une lettre qui, sous la législation actuelle des États-Unis, n'a rien perdu de son intérêt. Nous en extrayons le passage suivant : « Pour qu'une invention soit brevetable aux États-Unis, il faut qu'elle soit : 1° nouvelle ; 2° utile. Il faut en outre que le demandeur soit lui-même l'inventeur, et qu'il appuie ce fait de son serment. Nous refusons un brevet, s'il est établi que l'invention faite dans ce pays ou au dehors a déjà été publiée soit aux États-Unis, soit à l'étranger, dans quelque langue que ce soit.

« Si toute définition est dangereuse, combien ne le sera pas celle du mot *invention ?* Qu'y a-t-il de vraiment original, de vraiment inventé, trouvé par quelque effort de l'esprit dans les cent mille modèles que renferme notre musée ? Le brevet donné à l'inventeur au nom du Gouvernement est un acte (sans garantie) constatant que le juge examinateur a reconnu la nouveauté et l'utilité de l'invention. Mais l'utilité d'une invention n'est pas plus facile à déterminer que l'invention elle-même. Quelle est la somme d'avantages requise pour qu'une invention soit déclarée utile, et quand cesse-t-elle de pou-

______

(1) Lettre de M. Matile, juge examinateur au bureau fédéral des brevets d'invention. — *Revue de Droit international de Gand*, 1869, p. 310.

voir être envisagée comme telle pour devenir puérile? Où est la limite de l'utilité entre le vélocipède à l'usage de la jeunesse et le hochet de l'enfance? Aux yeux de tel juge, telle invention sera utile et nouvelle qui ne le sera pas pour tel autre. De là, doivent naître de nombreuses bigarrures dans les décisions judiciaires. » On peut affirmer, sur ce témoignage d'un homme expérimenté et chargé d'appliquer sa loi nationale, que les inventeurs courent le risque de voir repousser comme non brevetable une découverte utile et nouvelle, tandis que la mise en pratique d'un vieil appareil oublié pourra faire conférer un brevet.

M. de Boufflers, répondant aux objections élevées contre la loi du 7 janvier 1791, qui avait repoussé le système de l'examen préalable disait : « Le contradicteur que vous demandez est absolument contraire à l'esprit de la loi ; l'esprit de la loi est d'abandonner l'homme à son propre examen et de ne point appeler le jugement d'autrui sur ce qui pourrait bien être impossible à juger.

« Souvent ce qui est inventé est seulement conçu et n'est pas encore né; laissez-le naître, et puis vous le jugerez. Vous voulez un contradicteur; je vous en offre deux, dont l'un est plus éclairé que vous ne le pensez, et l'autre est infaillible : L'intérêt et l'expérience. » Si nous consultons les statistiques,

nous voyons que la prédiction de M. de Boufflers
s'est réalisée. Au bout de la première année, pour
les brevets accordés, il y en a, d'après M. Dumous-
tier de Frédilly (tableau de 1860 à 1874), 57 pour
cent qui tombent ; à la seconde année, il ne reste
plus que 43, mettons 50 pour cent des brevets qui
ont été pris ; à la troisième année, c'est seulement
33 pour cent qui restent encore valables. Nous arrivons ainsi à une élimination supérieure à celle qui
pourrait résulter de l'examen préalable, sans erreur
possible, et sans difficulté d'administration.

En Belgique, où le système français est pratiqué,
au bout de la seconde année, il reste 50 pour cent des
brevets demandés, à la fin de la troisième année,
33 pour cent ; à la neuvième, 10 pour cent ; à la quin-
zième, 5 pour cent.

Un Office des brevets, qui voudrait procéder à un
travail d'élimination aussi considérable, que celui
qui s'opère par la force des choses, refuserait de
breveter un grand nombre de découvertes réelles,
et ferait à coup sûr une sélection moins intelligente
que le public auquel l'invention est offerte.

Si le brevet examiné préalablement devait être
considéré comme une sorte de monnaie, l'examen
préalable devrait entraîner nécessairement la garantie du Gouvernement ; or il n'en est rien, les brevets
délivrés n'ont pas, jusqu'à leur expiration, la même

valeur légale, et, en Allemagne, en Angleterre aussi bien qu'aux États-Unis, ils peuvent être annulés après leur délivrance, de telle sorte que l'inventeur court les risques de voir méconnaître son droit par les juges examinateurs, et dans tous les cas paie très cher les frais d'un examen qui ne lui donne aucune garantie.

Est-à-dire que la meilleure des lois soit celle qui délivre les brevets sans que la demande ait été examinée ? Les jurisconsultes, réunis en congrès à Paris en 1878, ne l'ont pas cru, et ils ont formulé le vœu suivant : « Le brevet doit être délivré à tout deman-« deur à ses risques et périls. Cependant, il est utile « que le demandeur reçoive un avis préalable et « secret, notamment sur la question de nouveauté, « pour qu'il puisse, à son gré, maintenir, modifier « ou abandonner sa demande. »

Réduit à ces proportions, l'examen préalable ne saurait évidemment présenter que des avantages ; il rappellerait à la réalité les inventeurs qui, trop souvent, s'illusionnent, sur les mérites de leurs découvertes, sans entraîner la ruine de leurs légitimes espérances, puisqu'ils seraient libres, s'ils étaient convaincus du mal fondé de l'avis officieux à eux donné, de faire breveter leur invention. Les frais nécessités par la création d'un corps d'examinateurs seraient à la vérité fort élevés, mais les inventeurs ont droit à une protection spéciale, eux qui, en échange d'un privilège temporaire, consentent à livrer au public un secret qu'ils pourraient garder pour eux seuls dans un grand nombre de cas.

La loi anglaise, qui donne à l'inventeur le droit de faire protéger provisoirement sa découverte sans être obligé de la faire breveter définitivement, nous paraît présenter des avantages importants.

L'intérêt des inventeurs exige en effet que la publicité ne soit pas donnée de suite à leur invention, car il a été reconnu par les États-Unis, la France, l'Angleterre, aussi bien que par la pratique générale, qu'il faut au moins six mois à une année de travail pour amener une invention à un état à peu près pratique. Cet intérêt est sauvegardé quand on permet le dépôt de ce que les Anglais appellent une spécification provisoire, qui n'est autre que la description sommaire de l'invention, permettant d'exploiter en conservant le bénéfice de la nouveauté. L'examen spécial, dont nous venons de parler, pourrait porter sur cette spécification, qui indiquerait la nature de l'invention et serait, dans certains cas, accompagnée de dessins explicatifs.

Au bout d'un temps déterminé, les examinateurs ayant donné leur avis secret et motivé, l'inventeur devrait, s'il voulait obtenir un brevet, quelqu'ait pu être d'ailleurs l'avis officieux du comité d'examen, réitérer sa demande en l'accompagnant d'une description définitive et complète.

La demande serait alors publiée, et sans admettre toute personne à faire opposition à la délivrance du brevet, sous le prétexte que la découverte n'est pas nouvelle, on pourrait permettre de faire opposition entre les mains du Ministre, à celui qui prétendrait avoir été dépouillé indûment de son invention.

Pour obtenir ce résultat, il faudrait adopter une disposition analogue à celle qui résulte des articles 3 et 24 combinés de la loi allemande.

« Celui-là n'a pas droit à la délivrance d'un brevet qui a fait une déclaration dont le contenu essentiel est emprunté à des descriptions, à des dessins, à des modèles, à des instruments ou des dispositions dont une autre personne est l'auteur, ou à un procédé employé par celle-ci sans son consentement, — si cette personne fait opposition en se fondant sur ce motif. »

L'opposition, formée par exemple dans les deux mois de la publication de la demande définitive, serait jugée en premier ressort par le Ministre, et en appel par le Conseil d'État, ou par une autre juridiction désignée à cet effet.

Si nous n'adoptons pas le système d'oppositions tel qu'il est pratiqué en Allemagne et en Angleterre, c'est parce qu'il est évident que le droit donné à toute personne de se prévaloir, à l'encontre du breveté, du défaut de nouveauté de l'invention est inutile dans la plupart des cas et peut souvent être dangereux.

Il faut en effet supposer que les demandes de brevet sont connues effectivement d'un grand nombre de personnes, disposées à courir les risques d'une aventure judiciaire sans intérêt appréciable, pour croire à l'efficacité d'une pareille mesure.

« Nous pensons, dit M. Klostermann (1), qu'il n'est pas juste de repousser la demande d'un inventeur sans jugement des tribunaux ; mais en même temps, nous sommes d'avis que la question de savoir si la demande est fondée sur un droit réel, s'il y a ou non une invention nouvelle, peut être jugée par les tribunaux aussi bien avant la délivrance du brevet que dans le cas où le produit d'un tiers est argué de contrefaçon. »

La compétence du tribunal est certainement la même dans les deux cas, mais ce qui est différent, c'est l'empressement de ceux qui doivent se présenter devant les tribunaux pour faire juger le brevet.

Après sa délivrance, le brevet, grâce à la présomption de validité dont il jouit, dans les pays de non-examen aussi bien que dans ceux d'examen, permet

____

(1) Congrès de Paris, 1878.

à son titulaire de faire opérer la saisie des objets argués de contrefaçon. Cette saisie éveille l'attention de celui sur lequel elle est opérée et l'action est nécessairement portée devant les tribunaux.

Croit-on que sans avoir été mis en cause et avant toute exploitation d'un brevet, un industriel, à la simple lecture de la description d'une découverte, intentera un procès en nullité du brevet futur? On aurait tort de le penser, car l'expérience a démontré que les actions préventives n'étaient jamais exercées. D'autre part, on exposerait l'inventeur à de grands dangers si on permettait à ses concurrents de multiplier les obstacles qu'il doit franchir pour obtenir le privilège qu'il sollicite : chaque opposition entraîne à la fois des retards et des frais de procédure qui peuvent décourager ou ruiner un inventeur pauvre.

Les dispositions d'une loi destinée à protéger une classe de personnes aussi utiles que méritantes doivent être inspirées par le désir de concilier l'intérêt de la Société avec le droit de l'inventeur.

CHAPITRE IV

EFFETS DU BREVET

§ 1. — *Protection provisoire.*

Nous devons maintenant examiner les privilèges accordés à l'auteur d'une découverte, qui la fait breveter.

Les lois qui ordonnent la publicité de la demande doivent nécessairement accorder au demandeur une protection provisoire, destinée à parer aux inconvénients qui pourraient résulter de cette publication. L'article 22 de la loi allemande pose la règle suivante : « Si l'Office des brevets estime que la demande est régulière et que l'invention est brevetable, il ordonnera la publication de la demande. Dès le jour de cette publication se produiront provisoirement les effets légaux de la délivrance d'un brevet pour l'objet de la demande. »

Le point de départ de cette protection était facile à déterminer ; l'examen auquel se livre l'Office des brevets, lorsqu'il reçoit communication de la demande, ne porte en effet aucune atteinte aux droits de l'inventeur, qui reste libre de modifier ses descrip-

tions, ses dessins, son invention tout entière, et qui
doit même le faire si les examinateurs lui signalent
des irrégularités dans sa demande : tout ce qui se
passe durant cette première période reste secret, et
les tiers ne peuvent prendre connaissance de la découverte. — La situation change quand la demande
a été publiée; elle doit, aux termes de l'article 20, décrire l'invention de telle façon que son application
par des spécialistes semble possible; dès lors, il
est juste, à partir de ce moment, d'interdire à toute
personne de produire industriellement, sans la permission du breveté, l'objet de cette invention ou d'appliquer le procédé découvert et expliqué.

Cette protection provisoire dure jusqu'à la délivrance définitive du brevet, dont les effets peuvent
être considérés comme s'étant produits du jour de
la publication de la demande. « Si le brevet est
refusé, dit l'article 26, par. 2, la résolution repoussant la demande doit aussi être publiée. Le refus
fait considérer comme non avenus les effets de la
protection provisoire. »

Pendant la période des oppositions, les droits du
demandeur en brevet dépendent d'une condition
résolutoire, la non-obtention du brevet.

§ 2. — *Protection définitive.*

A cette protection provisoire, d'une nécessité incontestable dans les pays d'examen préalable, succède une protection définitive quand le brevet a été accordé.

Les privilèges concédés aux inventeurs ont pour cause, avons-nous dit, le droit de propriété dont l'auteur d'une découverte peut se prévaloir et qu'il consent à abandonner. L'État qui doit profiter de cet abandon volontaire ne peut pas en discuter les conditions dans chaque hypothèse spéciale, et il est obligé d'offrir à tous les inventeurs des conditions égales.

Les travaux, les dépenses, l'intelligence de l'inventeur n'ont aucune influence sur le sort de son privilège, qui résulte d'un contrat tout imprimé et dont les clauses sont connues d'avance. — Si le demandeur en brevet ne peut faire modifier le texte du contrat qu'il passe avec l'État, peut-il, tout au moins, se dispenser d'y avoir recours? — Oui, en théorie, car il peut conserver sa découverte pour lui seul, l'exploiter secrètement; mais dans bien des cas une pareille exploitation sera impossible, — si l'invention a pour objet un appareil industriel, par exemple, la contrefaçon sera prompte et facile.

L'État, de son côté, a grand intérêt à ce que les procédés secrets de fabrication n'existent pas, et à ce que le patrimoine commun s'enrichisse de toutes les découvertes.

Par suite, une rémunération suffisante doit être assurée à celui qui se dépouille au profit de ses semblables, afin que le sacrifice qu'il fait ne lui paraisse pas trop lourd.

Toutes les nations, ou à peu près toutes, ayant eu conscience de cette nécessité, se sont préoccupées de fixer le mode d'après lequel serait accordée cette rémunération. Les adversaires des brevets sont rentrés en ligne pour rendre illusoires les privilèges qu'ils ne pouvaient faire disparaître. Durant un demi-siècle, on avait pensé que le meilleur moyen d'assurer à l'auteur d'une découverte une récompense proportionnée à ses services consistait à lui abandonner temporairement le monopole des choses nouvelles qu'il avait créées, dont il avait doté la Société d'une façon définitive ; mais après que des économistes éminents eurent prétendu que le système des brevets était « un outrage à la liberté et à l'industrie, que tous les amis du progrès industriel et social devaient unir leurs efforts pour délivrer l'industrie d'entraves, restes surannés du passé (1)»,

----

(1) Lettre de M. Michel Chevalier. V. Pouillet, p. IX.

on vit naître une foule de systèmes dont le but était de supprimer non pas les brevets, mais les effets qu'ils avaient produits jusqu'alors. — On proposa de déposséder le breveté immédiatement après l'obtention de son titre, en lui payant une somme d'argent à titre de récompense, pour permettre à tous ses concurrents d'entrer en jouissance immédiate de l'invention ; mais on vit bientôt qu'un pareil système était trop radical et présentait trop d'inconvénients ; on eut alors recours à un subterfuge : accorder au breveté un monopole et néanmoins permettre à toute personne de faire usage de la découverte : tel fut le problème que s'efforcèrent de résoudre les adversaires des brevets.

« Vers 1860, dit M. Ch. Lyon-Caen (2), un mouvement très vif, très ardent, contre les brevets d'invention s'est développé surtout en Angleterre et en Allemagne. On a reproché aux brevets d'invention de gêner la liberté de l'industrie. C'est alors qu'un certain nombre de personnes ont pensé qu'il fallait chercher, sans supprimer positivement les brevets d'invention, à concilier, dans la mesure du possible, la liberté de l'industrie et les intérêts de l'inventeur. Ils ont alors inventé, on peut le dire, un système qui a été désigné, en Allemagne, sous le nom de *Licenz-*

______

(2) Congrès de Paris, 1878, p. 248.

wang, et qui l'est aujourd'hui chez nous sous le nom de système des Licences obligatoires. Ce système consiste à laisser subsister les brevets d'invention, mais à décider que l'inventeur breveté n'a plus le droit exclusif d'exploitation temporaire.

« Tout le monde a le droit, dans ce système, d'exploiter une invention, à la charge de payer à l'inventeur une redevance. »

Les lois allemande et anglaise nous fournissent un exemple de ce système ; à côté de l'exploitation du brevet par l'auteur de la découverte, nous trouvons en effet l'exploitation par les licenciés.

Avant d'aborder le droit conféré à ces derniers, nous devons dire quelques mots des prérogatives conférées aux premiers.

« L'effet du brevet est de priver toute personne, dit l'article 4 de la loi allemande, sans la permission du breveté, de la faculté de produire industriellement l'objet de l'invention, de le mettre dans le commerce et de le vendre.

« Si c'est un procédé, une machine, ou tout autre moyen d'exploitation, un instrument ou tout autre moyen de travail, qui forme l'objet du brevet, le brevet a en outre pour effet d'enlever à toute personne la faculté d'appliquer le procédé ou d'user de l'objet de l'invention sans la permission du breveté. »

La loi française, dans les articles 40, 41 et 43,

prévoit les contrefaçons de la manière suivante :

Art. 40. — « Toute atteinte portée aux droits du breveté, soit par la fabrication de produits, soit par l'emploi de moyens faisant l'objet de son brevet, constitue le délit de contrefaçon. »

Art. 41. — « Ceux qui auront sciemment recélé, vendu ou exposé en vente, ou introduit sur le territoire français un ou plusieurs objets contrefaits, seront punis des mêmes peines que les contrefacteurs. » (100 à 2000 fr. d'amende. Art. 40.)

Art. 43, alinéa 3.—« Un emprisonnement d'un mois à 6 mois pourra être prononcé si le contrefacteur est un employé ayant travaillé dans les ateliers ou dans l'établissement du breveté, ou si le contrefacteur, s'étant associé avec un ouvrier ou un employé du breveté, a eu connaissance par ce dernier des procédés décrits au brevet. »

Dans ce dernier cas, l'ouvrier ou l'employé pourra être poursuivi comme complice.

Tandis que la loi française interdit la fabrication d'une façon générale et absolue, quel qu'en soit le but ou le mobile, la loi allemande ne défend que la production *industrielle* des objets sur lesquels porte le brevet. Un tiers pourrait donc, sans encourir les peines de la contrefaçon, fabriquer pour son usage personnel un objet semblable à l'objet breveté. Toutefois, cela n'est absolument certain que quand l'invention ne porte pas sur une machine ou sur un instrument. Les commentateurs sont en effet en désaccord sur le point de savoir si le droit exclusif d'user d'une machine ou d'un instrument n'appartient au breveté qu'autant qu'il s'agit d'un usage industriel (1).

Dambach prétend que l'usage domestique des machines et instruments est défendu aux tiers. Il le conclut de ce que le second alinéa ne parle pas du caractère industriel de l'usage, comme le premier le mentionne pour la fabrication. Il résulterait de là que l'usage d'une machine à coudre brevetée, dans une famille, constituerait une atteinte aux droits du breveté, comme l'usage de cette même machine chez un tailleur.

Klostermann admet au contraire que l'usage industriel seul est défendu au tiers. — Cela paraît ressortir de ce que l'Exposé des motifs, en limitant le droit d'usage exclusif aux machines, aux instruments, parle de l'exploitation industrielle. On ne peut pas argumenter de ce que le mot *industriellement* n'a été inséré que dans le premier alinéa ; car l'insertion de ce mot n'a pu étendre la portée du second alinéa.

Si l'opinion émise par le premier de ces auteurs

______

(1) *Les brevets d'invention dans l'empire d'Allemagne.* **Note** sous l'art. 4 par M. Ch. Lyon-Caen.

était exacte, la loi allemande ferait preuve d'une bien grande rigueur quand il s'agit de l'usage de l'invention, alors qu'elle permet si facilement la fabrication non industrielle de l'objet breveté, et elle présenterait avec la loi française une différence de plus, car, d'après l'interprétation donnée par la jurisprudence aux textes que nous avons cités, l'usage commercial seul est interdit, l'usage personnel étant licite (1).

L'article 34 de la loi allemande, qui édicte la peine encourue par la contrefacteur, exige que sa mauvaise foi soit établie (2), à la différence de la loi française qui punit l'auteur de la contrefaçon (c'est-à-dire celui qui fabrique l'objet contrefait ou en fait usage) indépendamment de toute mauvaise foi de sa part. « Vous remarquerez, Messieurs, disait-on dans l'Exposé des motifs de la loi de 1844, que le mot sciemment n'a pas été introduit dans la définition de la contrefaçon même. Il existe, en effet, un dépôt général où le fabricant peut et doit rechercher ou faire rechercher les inventions brevetées avant d'appliquer son industrie à des objets nouveaux. Il est donc

---

(1) D'après MM. Picard et Olin, n° 596 : « L'usage commercial ou industriel est celui qui destine l'objet ou ses produits à la consommation ou à la jouissance du public » tandis que « l'usage personnel est l'emploi que fait un individu d'une chose dont il retire lui-même, et directement, les avantages. »

(2) Celui qui sciemment...

coupable, au moins de négligence ou d'imprudence grave, lorsqu'il a fabriqué des objets déjà brevetés au profit d'un autre. » *V.* Huard, p. 227.

Quant aux dispositions contenues dans nos articles 41 et 43, nous n'en trouvons pas d'analogues dans la loi allemande, ce qui nous autorise à penser que la complicité en cette matière, spécialement prévue en France (1), tombe sous l'application du

---

(1) Une controverse s'est élevée ou sujet de l'article 41 qui indique les cas de complicité suivants : 1° la vente, l'exposition en vente, l'introduction en vente et le recel; 2° la participation d'un ouvrier ou employé ayant travaillé dans les ateliers ou l'établissement du brevete (art. 43). Certains auteurs prétendent qu'on ne saurait ajouter à ces hypothèses celles prévues par les articles 59 et 60 du C. P. relatifs à la complicité. La loi spéciale relative aux brevets, disent-ils, dans ses dispositions pénales est limitative.

M. Pouillet est d'un avis contraire; il s'exprime ainsi (n° 688, page 569). « De ce que la loi s'est plus particulièrement attachée à définir, à préciser certains faits de complicité d'une nature spéciale, et qui accompagnent presque nécessairement le délit principal, pourquoi conclure que, en dehors des cas aussi spécialement envisagés, il n'y a pas lieu d'appliquer les règles générales tracées par les articles 59 et 60 du C. P. ? Pourquoi conclure que celui qui a sciemment participé soit au délit de contrefaçon proprement dit, soit à l'un des délits connexes de l'article 41 échappe à toute peine, défie toute répression? La question ainsi posée est au moins douteuse; rien dans la loi de 1884 ne s'oppose à ce que les principes généraux viennent compléter ici la législation spéciale, et nous sommes volontiers de l'avis de M. Renouard lorsqu'il ajoute : « Si le législateur avait voulu introduire une exception, il ne se serait pas dispensé de le dire. Les dérogations aux principes ne se présument pas. On ne comprend guère, d'ailleurs, à quel titre les complices mériteraient la faveur ou l'indulgence de la loi; et l'on voit facilement combien leur impunité peut nuire à la répression. »

Code pénal allemand et doit être jugée conformément aux règles ordinaires.

Par contre, l'hypothèse prévue par l'article 5 n'est pas réglée par notre loi. « Le brevet, dit cet article, ne produit pas son effet contre celui qui, au moment du dépôt de la demande faite par le breveté, exploitait l'invention en Allemagne, ou avait fait les préparatifs nécessaires pour l'exploiter. »

Il peut arriver, en effet, qu'une invention soit faite simultanément par deux personnes, dont l'une s'empresse d'adresser une demande en brevet, tandis que l'autre se prépare à exploiter secrètement ou continue une exploitation secrète déjà commencée ; cette dernière ne peut former opposition à la délivrance du brevet si l'objet de la découverte, procédé ou machine, n'a pas été divulgué par elle ; elle ne peut non plus se prévaloir du manque d'originalité de la découverte pour laquelle on demande un brevet, si cette découverte ne lui a pas été ravie aux termes de l'article 3 ; déposer une demande en brevet serait peine perdue, puisque le brevet est accordé au premier demandeur en date ; il importait donc d'atténuer légalement la rigueur d'une situation aussi pénible.

La jurisprudence des tribunaux français admet cette restriction aux droits du breveté bien que la loi soit muette.

L'article 5, dans son dernier alinéa, ajoute :
« Les effets du brevet ne s'étendent pas aux moyens
de transport qui ne font que traverser l'Allemagne. »
Selon l'Exposé des motifs, cela doit s'appliquer spécialement aux navires, locomotives et au matériel des
chemins de fer qui, alternativement, passent sur les
territoires de divers pays (1).

L'usage industriel d'un objet contrefait est interdit
par l'article 4, avons-nous dit ; les faits prévus par
l'alinéa rapporté ci-dessus constitueraient donc des
délits de contrefaçon si la loi ne s'en fût expliquée et
n'eût, pour faciliter les relations internationales,
permis ce que la théorie pure défendrait.

L'introduction en transit constitue-t-elle une violation de l'article 4 ? Les commentateurs allemands la
considèrent comme licite, en s'appuyant sur ce que
les objets, en ce cas, ne sont pas mis en vente, ni
mis dans le commerce en Allemagne. — On peut
d'ailleurs invoquer en ce sens la disposition précédente qui révèle l'intention du législateur allemand.

L'usage des moyens de transport cause évidemment plus de préjudice au breveté que ne lui en cau-
serait le simple transit, et les motifs qui ont fait

____

(1) *Brevets d'invention en Allemagne,* M. Ch. Lyon-Caen. Note sous
l'art. 5.

édicter l'exception en faveur des locomotives, navires, etc., peuvent être invoqués, avec plus de force
encore, quand il s'agit simplement d'emprunter à un
État une voie rapide, pour y faire circuler des objets
dont l'origine et la destination sont étrangères. Pro-
hiber le transit, ce n'est pas seulement entraver les
relations internationales, c'est encore porter atteinte
au commerce national qu'on prive ainsi des bénéfices
que pourrait faire réaliser le transport des marchan-
dises prétendues contrefaites.

L'article 43 de la loi anglaise nous paraît autoriser la même interprétation.

« Un brevet n'empêchera pas l'usage d'une invention à l'égard d'un vaisseau étranger naviguant dans
les eaux soumises... »

La loi française, moins explicite, donne lieu à des
interprétations diverses, et la doctrine, aussi bien
que la jurisprudence, hésite encore sur la solution à donner. Nous n'exposerons pas la controverse ni les motifs invoqués de part et d'autre, car
ceux qui soutiennent que la loi prohibe le transit
déplorent un état de choses préjudiciable à tout le
monde.

En faveur de la liberté du transit, on peut dire,
avec M. Bédarride, « que la loi ne doit réprimer que
l'atteinte portée au droit du breveté. Or, où est l'atteinte, où la concurrence, où le préjudice, dans le

cas d'un simple transit? Évidemment, l'étranger qui vend à l'étranger et qui expédie par la voie de France ne fait que se servir d'une route ouverte à tout le monde, et qu'il n'a été ni dans la pensée, ni dans l'intérêt de l'État d'interdire à qui que ce soit, ou à tel ou tel produit, sauf les formalités édictées par les lois douanières. Sans doute, l'excuse de transit peut n'être qu'un mensonge, et le voyage indiqué à l'étranger être rompu et se terminer en France. Mais on peut, à cet égard, s'en référer aux suggestions de l'intérêt particulier. Le breveté saura bien surveiller la marche de la chose contrefaite, dès qu'il en connaîtra la présence en France, découvrir et faire constater la fraude, en poursuivre la répression (1). »

Ce n'est donc pas porter atteinte au monopole assuré au breveté dans l'État où il a pris un brevet, que de laisser transiter en liberté des objets réputés contrefaits.

Nous venons de passer en revue les principales dispositions destinées à régler le privilège résultant du brevet, nous devons maintenant étudier le système dit des Licences obligatoires, qui porte au monopole une atteinte des plus sérieuses.

____

(1) Bédarride, n° 368, M. Ch. Lyon-Caen, Sirey, 74, 2, 281, note. M. Pouillet, n° 715.

§ 3. — *Licences obligatoires.*

« Le brevet peut être retiré, dit l'article 11 de la loi allemande, après l'expiration d'un délai de trois ans.

1°...... ;

2° Quand la concession d'une licence à d'autres personnes paraîtra exigée par l'intérêt public, et que pourtant le breveté se refusera à accorder cette licence moyennant une rémunération convenable et une garantie suffisante. »

Nous devrions, si nous nous conformions au texte de la loi, rejeter l'étude des licences obligatoires au chapitre suivant, car il s'agit ici, comme l'indique le texte, d'une déchéance ; mais il est clair que si le breveté encourt une déchéance, c'est pour avoir méconnu ses obligations ; pour rester titulaire de son brevet et continuer à en bénéficier, que doit-il donc faire ?

Permettre à ceux qui lui en font la demande d'exploiter la découverte, moyennant finance. Durant les trois premières années d'exploitation, il peut repousser une pareille demande sans avoir à rendre compte de son refus, mais dès le commencement de la quatrième année la situation change ; si sa découverte l'a ruiné et si la mise en œuvre de son invention a été infructueuse ou improductive, personne ne songera à lui demander de partager son sort ; mais si, après avoir fait d'énormes sacrifices, il est arrivé à un résultat avantageux, il verra ses concurrents se presser en foule autour de lui pour solliciter des licences, et il devra les leur accorder, à la condition, dit l'article, que cette concession paraisse commandée par l'intérêt public et qu'une rémunération convenable soit offerte.

L'Exposé des motifs et le rapport de la commission du Reichstag déclarent qu'il y aura lieu, pour l'Office des brevets et en appel pour le tribunal suprême de Leipzig, de déclarer que la licence devait être accordée « lorsque le droit exclusif du breveté préjudicierait aux intérêts économiques généraux du pays et conduirait à l'établissement d'un monopole nuisible au bien commun ». Le rapport déclare en outre que « dans les cas où il s'agit d'objets brevetés d'une grande importance pour la prospérité de la population et le travail national, le principe des licences obligatoires peut offrir un correctif salutaire contre l'exploitation du pays par un monopole ».

Mais qui ne voit, malgré ces affirmations, que l'intérêt public ne sera le plus souvent que l'intérêt mercantile des concurrents du breveté qui, après avoir essayé d'arracher à sa faiblesse ou à sa misère le droit de le priver légalement de ses travaux par des menaces, le traîneront devant la juridiction exceptionnelle chargée de statuer, pour lui faire enlever son privilège.

La crainte d'encourir cette déchéance, ou tout au moins de subir la procédure dont on le menacera, ne forcera-t-elle pas, dans bien des cas, l'inventeur peu fortuné à céder un privilège que la loi rend si précaire ?

N'est-ce pas d'ailleurs sacrifier par trop à la théorie que de croire à ces brevets qui portent préjudice aux intérêts économiques ? Les découvertes vraiment fécondes, celles qui révolutionnent une industrie, sont-elles donc si fréquentes qu'on doive à cause d'elles édicter une règle qui s'appliquera surtout aux inventions capables d'enrichir celui qui les aura faites ? Doit-on évincer l'homme de génie qui aura rendu les plus grands services à la Société ?

'Il est d'ailleurs un moyen, dont l'emploi est difficile il est vrai, mais dont l'application n'est pas impossible, qui permet d'arriver au résultat cherché en respectant tous les droits, c'est l'expropriation pour cause d'utilité publique. Le législateur, soustrait aux influences locales et s'inspirant uniquement des nécessités générales, ne peut-il, par une loi, assurer à tous les bienfaits d'une invention ?

Cette mesure sera exceptionnelle ; mais dans les formes de la procédure appliquée, le breveté trouvera une garantie sérieuse, et il ne sera pas exposé à être la victime d'une cabale montée contre lui par des concurrents disposés à tout, pour s'enrichir de ses dépouilles.

C'est seulement par voie indirecte et en le menaçant du retrait de son privilège, que la loi allemande fait au breveté une obligation d'accorder des licences ; la loi anglaise permet au bureau des brevets de concéder lui-même des licences aux conditions qu'il juge équitables. — Il est vrai que cette concession n'est pas faite d'office et qu'il doit être prouvé, sur la plainte d'une personne intéressée, que faute par le breveté d'avoir accordé des licences à des conditions raisonnables « le brevet n'est pas exploité dans le Royaume-Uni, ou que l'invention ne peut satisfaire les exigences légitimes du public, ou que quelqu'un est empêché d'exploiter et de mettre en œuvre l'invention dont il est devenu possesseur de la façon la plus avantageuse (art. 22.).» Mais il est facile de voir qu'un pareil système ouvre la porte à l'arbitraire ; il a sur le système allemand cet avantage que l'auteur de la découverte n'est pas privé de son invention, mais il porte atteinte d'une façon non équivoque au monopole temporaire, et il consacre cette idée fausse, d'après nous, que le breveté n'a pas sur son œuvre un droit de propriété.

On s'efforce de justifier cette atteinte portée
aux droits légitimes de l'inventeur en déclarant que,
lui accorder un monopole même temporaire, c'est
méconnaître l'intérêt public, c'est ne pas tenir
compte des nécessités de l'industrie, ni des exigences des consommateurs. Permettre à un individu
d'exploiter sa découverte d'une manière exclusive,
dit-on, c'est mettre tout un pays à la merci d'un
homme ; il a sans doute le génie de l'invention,
mais ses qualités industrielles laissent peut-être
beaucoup à désirer ; s'il ne fait qu'un médiocre né-
gociant et un mauvais fabricant, il ne sera capable
de livrer aux tributaires de son invention qu'un mauvais produit, trop cher ou en quantité insuffisante,
et tout le monde souffrira de cet état de choses
déplorable sans qu'il soit possible d'y remédier. —
La situation sera plus délicate encore si les produits
brévetés sont la matière première indispensable à
certaines industries ; la concurrence étrangère avec
laquelle il faut compter inondera les marchés de ses
articles librement fabriqués, tandis que les nationaux
végéteront péniblement, jusqu'au moment où le brevet prenant fin, ils voudront essayer de lutter ; mais
leurs concurrents, riches de capital et d'expérience,
continueront de les distancer.

Et on ne craint pas d'ajouter : « le monopole
d'exploitation peut réduire au désespoir ou au dés-

honneur certaines industries concurrentes, et si,
par ce monopole, toute une industrie représentant
des intérêts considérables est condamnée à mort,
il en résulte une ligue contre le breveté; si ce breveté n'a pas un capital suffisant pour pouvoir se défendre contre la coalition d'intérêts qui l'attaque, il
court le risque de perdre même son droit de propriété. »

Nous croyons que ce simple exposé des idées
émises par les partisans des licences obligatoires
prouve nettement qu'ils attaquent le brevet lui-même
et qu'ils poursuivent son abolition par des moyens
détournés ; les arguments qu'ils invoquent tendent
à établir, non pas seulement que le privilège du breveté doit disparaître, mais que tous les monopoles
doivent être abolis, et comme on peut reprocher à
tout industriel intelligent, qui livre des produits de
qualité supérieure, de réduire au désespoir ou au
déshonneur ses concurrents, on arriverait, sans
grande difficulté, à proscrire le génie et même l'intelligence.

Il y a peut-être quelque témérité à prétendre
qu'un inventeur est incapable d'exploiter son invention; il faut se souvenir en effet qu'une découverte,
pour être brevetée, doit avoir été réalisée industriellement ; pourquoi dès lors poser en principe l'inca-
pacité de celui qui a *créé* une chose jusque-là in-

connue? N'y a-t-il pas au contraire un grand intérêt à lui laisser exploiter exclusivement son invention de peur qu'elle ne soit avilie par ceux qui voudraient la réaliser?Il y a non seulement un intérêt pécuniaire, mais aussi en quelque sorte un intérêt d'honneur. — Il serait bien singulier de dire à quelqu'un : « Vous êtes propriétaire d'une maison, mais vous ne pouvez pas l'habiter seul, ni même choisir vos locataires; toute personne qui le voudra pourra l'occuper à la charge de vous payer un loyer (1). » — Mais admettons pour un instant que, malgré sa singularité, ce procédé soit légitime, quel sera le taux de la redevance? La loi établit, dit-on, différentes catégories d'industries quant aux patentes, elle déterminerait également différentes catégories quant aux redevances proportionnelles à payer pour inventions brevetées. — Les ventes seraient portées sur un livre spécial, et l'inventeur percevrait un tant pour cent suivant la classe dans laquelle rentrerait son invention.

Nous avons reproché aux lois anglaise et allemande d'exposer l'inventeur à l'arbitraire des juges; mais nous croyons que le système que nous venons de

_____

(1) M. Ch. Lyon-Caen au Congrès international de Paris, 1878, compte rendu, p. 249.

rappeler ne vaut pas mieux; car, dans une même
branche d'industrie, on peut, sans grand effort,
imaginer des découvertes que l'équité la plus élé-
mentaire empêche de placer sur un pied d'égalité.

CHAPITRE V

SECTION I

Nullités.

La faculté de vérifier et d'apprécier les droits du breveté et la valeur de son titre est la conséquence nécessaire de la délivrance du brevet sans examen préalable. Toute la garantie de la Société est là. Il importe de réprimer l'usupartion de ceux qui, prenant dans le domaine public une chose dont l'usage était commun à tous, ont voulu se l'approprier exclusivement, ou qui, profitant de l'inertie forcée de l'administration chargée de délivrer le titre qu'ils sollicitaient, ont fait breveter un objet que la loi avait déclaré non brevetable.

« En France, en Belgique, en Espagne, etc., grâce à la présomption de validité dont jouissent les brevets, les brevetés dont les titres sont entachés des vices les plus graves peuvent saisir des objets prétendus contrefaits, entraver ainsi l'exercice de toute une branche d'industrie et menacer de procès leurs concurrents (1). »

Il était essentiel, dans de pareilles conditions, d'accorder aux intéressés le droit de révéler aux juges le vice dont l'existence pouvait faire tomber le privilège du breveté. Ce dernier, qui a agi à ses risques et périls, qui s'est fait son propre examinateur, ne saurait se plaindre, car c'était à lui de rechercher si la découverte présentait tous les caractères exigés par la loi ; son monopole n'aurait pas dû naître, et il sera réputé n'avoir pas existé.

Mais dans les pays où fonctionne l'examen préalable, n'est-il pas bizarre et presque inconséquent de voir fonctionner également la procédure en nullité ? En Allemagne, par exemple, où, sur un signe arbitraire de l'Office des brevets, chargé de vérifier si toutes les conditions requises pour la concession d'un brevet sont réalisées, l'inventeur peut se voir refuser le privilège qu'il sollicite, n'est-il pas étrange de voir le titre ainsi conféré n'offrir pas plus de garantie que s'il eût été délivré à la demande pure et simple de celui qui le sollicitait ?

« Le brevet examiné préalablement, dit M. Klostermann, doit être une sorte de monnaie. »

____

(1) M. Ch. Lyon-Caen. *Bulletin de la Société de législation comparée*, année 1878, pages 98 et 245.

Singulière monnaie que celle dont on peut contester à chaque instant la valeur.

Mais il y a plus, l'examen préalable est lui-même contrôlé par les parties intéressées ; nous savons, en effet, que dans les huit semaines qui s'écoulent après la publication de la demande jugée acceptable par l'Office, il peut être fait opposition à la délivrance du brevet : 1° par toute personne qui offre de prouver que l'invention n'est pas nouvelle; 2° par celui qui prétend avoir à se plaindre d'un emprunt fait à sa propre découverte, et sans son consentement, par le demandeur.

Or, il résulte des travaux préparatoires et du texte même de l'article 10 que, malgré ce double contrôle initial, l'inventeur, auquel on a concédé le privilège qu'il réclamait, peut se le voir contester pour les motifs déjà appréciés et par ceux qui ont échoué dans leur opposition.

La loi anglaise nous offre le même spectacle ; car l'article 20 déclare que « toute cause qui aurait pu entraîner le rejet de la demande empêchera une poursuite en contrefaçon et sera un motif de révocation du brevet ».

L'épreuve à laquelle les législations anglaise et allemande soumettent le demandeur en brevet n'est donc pas décisive, et quand la nullité du titre obtenu aura été prononcée il sera réputé n'avoir jamais existé.

Toute loi, par là même qu'elle indique les qualités essentielles que doit réunir la découverte qu'il s'agit de protéger, énumère les causes de nullité du brevet; dire qu'une invention doit être nouvelle, etc..., c'est déclarer implicitement que si la nouveauté manque, l'invention n'existe pas en réalité.

Nous avons déjà signalé, à propos de l'examen préalable, la plupart des conditions exigées par la loi allemande du 25 mai 1877 pour l'obtention du privilège dont nous nous occupons; nous n'avons donc rien à ajouter en ce qui touche : 1° la nouveauté; 2° le caractère industriel d'une invention. Nous avons dit aussi : 1° que les découvertes dont l'exploitation était contraire aux mœurs, 2° que les inventions d'aliments, d'objets de consommation et de remèdes, ainsi que de matières qui sont obtenues par des procédés chimiques, en tant que ces inventions ne sont pas relatives à un procédé déterminé pour la production de ces objets, ne pouvaient être brevetées.

Il ne nous reste à parler que d'une dernière cause de nullité, que les commentateurs appellent le manque d'originalité, et qui se révèle quand l'objet principal de la déclaration a été emprunté aux descriptions, aux modèles, aux instruments ou arrangements d'une autre personne, ou à un procédé appliqué par elle, sans son consentement.

Que cet emprunt soit volontaire ou non, peu importe ; on estime que pour se faire conférer un monopole il faut avoir sur l'objet dont on veut pouvoir disposer à titre privatif un droit incontestable et complet ; la cause unique qui peut expliquer l'abandon fait par la Société de la faculté d'user librement d'un produit ou de faire usage d'un procédé, c'est que ce produit ou ce procédé ait un caractère d'originalité non équivoque. Dès qu'on peut prouver l'absence de cette condition, le brevet doit tomber. Mais quelle sera la situation légale de celui auquel l'emprunt aura été fait ; ne sera-t-il pas subrogé à celui qui avait obtenu le brevet?

A la différence de la loi anglaise, qui adopte expressément la solution affirmative, la loi allemande est muette, bien que la question ait été soulevée au moment de la discussion.

Mais ce silence doit être interprété dans le sens de la négative, car l'Exposé des motifs ne laisse aucun doute à cet égard, et M. Lyon-Caen résume ainsi les raisons indiquées en faveur de ce système (1) : « D'abord, du fait qu'une personne était en possession de l'invention ne résulte pas la certi-

____

(1) *Annuaire de la Société de législation comparée.*

tude qu'elle a droit à la délivrance du brevet. En outre, si cette subrogation était admise, la loi aurait l'alternative de maintenir ou de déclarer nulles les conventions faites par le premier breveté pour l'exploitation du brevet. Si elle choisissait le premier parti, le premier breveté pourrait, par des conventions conclues avec des tiers, rendre vaine l'annulation du brevet prononcée contre lui. Si elle prenait le second parti, des tiers, qui auraient cru acquérir le droit d'exploiter le brevet et auraient peut-être fondé dans ce but de grandes entreprises, seraient réduits à renoncer à ces entreprises ou à acquérir de nouveau le brevet. Ainsi, ou la loi n'atteindrait pas son but, ou elle serait d'une rigueur inique. »

Nous avouons que les arguments tirés de l'intérêt des cessionnaires nous touchent peu, car on pourrait les invoquer pour empêcher tout propriétaire de revendiquer sa chose de peur que sa réclamation portât atteinte aux droits des tiers. Ne vaudrait-il pas mieux accorder au breveté un droit restreint et amoindri plutôt que de constater purement et simplement son illégale dépossession? Il est en effet dépouillé définitivement, car il ne saurait prendre un brevet à son tour, puisque la découverte a été appliquée publiquement et qu'aux termes de l'article 2 elle n'est plus réputée nouvelle.

La loi anglaise, dans son article 20, déclare au contraire que, lorsqu'un brevet aura été retiré pour cause de fraude, le contrôleur pourra, à la requête du véritable auteur de l'invention, lui délivrer un brevet en tous points semblable à celui qui est annulé, portant la même date que lui et pour le même espace de temps.

La différence entre ces deux lois vient de ce que, en Allemague, c'est le premier demandeur qui a droit au brevet, qu'il soit ou non le véritable inventeur, tandis qu'en Angleterre celui-ci a seul droit au brevet ; l'article 2 le déclare expressément. Dès lors, la délivrance du titre constate une simple prétention, et le titulaire ne bénéficie de sa prétendue découverte que jusqu'au moment où le véritable auteur se fait connaître.

La loi française ne règle pas cette hypothèse et ne voit pas, dans l'emprunt fait à une invention dont on n'est pas l'auteur, une cause de nullité spéciale ; la question que nous venons d'examiner ne saurait donc se poser dans les termes où nous l'avons formulée. Est-ce à dire que celui qui aura été dépouillé sera contraint de laisser son déloyal concurrent jouir en paix du privilège obtenu frauduleusement ? Évidemment non. L'usurpation pourra être poursuivie suivant les modes ordinaires. Il y aura lieu de revendiquer la propriété du brevet ; au nom du premier titulaire on substituera le nom du revendiquant qui obtiendra ainsi d'être subrogé aux droits de l'usurpateur; mais il ne saurait être question de délivrer un second brevet, car la découverte a perdu son caractère de nouveauté, tout au plus pourrait-on admettre que le premier brevet sera modifié, dans le cas où le véritable inventeur serait lui aussi titulaire d'un brevet. postérieur à celui dont il s'est fait attribuer la propriété.

M. Pouillet s'exprime ainsi :

« Pour nous, dit-il, il nous semblerait naturel de décider, non que le premier brevet sera nul, — car toute nullité profite au domaine public ; — non que l'inventeur sera purement et simplement subrogé dans les droits du premier brevet, — car c'est une charge sans compensation; — mais que le premier brevet se confondra avec le dernier, qu'il ne fera qu'une seule et même chose avec lui et suivra exactement sa fortune, vivant tant qu'il vivra, mourant quand il mourra, de quelque façon qu'il meure (1). » — Mais, nous le répétons, le manque d'originalité n'est pas une cause de nullité dans notre législation.

Par contre, l'article 31 de la loi de 1844 déclare que : « le brevet sera nul, si la description n'est pas

---

(1) *Brevets d'invention*, n° 620.

suffisante pour l'exécution de l'invention, ou si elle
n'indique pas d'une manière complète et loyale les
vrais moyens de l'inventeur. »

Les lois anglaise et allemande, au contraire, considérant sans doute que l'examen préalable assure
d'une façon suffisante l'accomplissement de cette
formalité, ne permettent pas qu'on revienne après la
délivrance du titre sur cette question de description.

On peut critiquer cette manière de voir, car il
nous semble difficile que des hommes dont la compétence est contestable, puisqu'ils statuent sur toutes les demandes, quel qu'en soit l'objet, puissent,
même à la suite de recherches attentives, décider
souverainement si la description qui leur est soumise
permet de réaliser la découverte.

Le but que veut atteindre la Société en conférant
un monopole, c'est d'acquérir la découverte dont
l'auteur pourrait refuser de divulguer le secret s'il
n'était certain de tirer un bénéfice immédiat de sa
divulgation. Or, ce but n'est atteint que si, à l'expiration du privilège temporaire concédé au breveté, tout
homme compétent peut réaliser l'invention. « Il faut,
disait le rapport présenté à la Chambre des pairs
sur la loi qui nous régit, que l'exécution soit rendue
possible à un simple ouvrier s'il s'agit de choses de
sa compétence, ou à un homme de l'art, s'il s'agit

d'objets qui l'excèdent et ne doivent pas être habituellement faits par un manœuvre (1). »

SECTION II

Déchéances.

§ 1. — *Défaut de paiement de la taxe.*

Dans tous les pays, chaque brevet donne lieu au paiement d'une taxe, qui est une sorte d'impôt modéré, justifié par le privilège accordé aux inventeurs, destiné à couvrir les frais occasionnés par la délivrance des titres et propre à empêcher une foule de rêveries et de puérilités d'entraver le commerce et d'usurper une protection à laquelle les découvertes sérieuses et utiles ont seules droit.

Vivement attaqué comme capable de frustrer les inventeurs qui sont dans la pauvreté, de la protection accordée à ceux que la fortune favorise, cet impôt a néanmoins été maintenu dans toutes les législations ; mais sa quotité varie suivant les États. Le système qui paraît le plus rationnel, auquel les jurisconsultes modernes se rallient tous, et qu'on peut espérer voir adopter à bref délai, consiste à élever graduellement la redevance au fur et à mesure que

____

(1) Huard, p. 53.

la découverte, si elle est sérieuse, peut procurer de plus grands bénéfices à son auteur. Il importe de ne pas décourager au début, en lui faisant payer à l'État plus qu'il ne gagne, celui qui entreprend de vulgariser un produit nouveau ou un procédé jusque-là inconnu. C'est seulement quand il aura eu le temps de faire apprécier son invention qu'on pourra, sans danger, lui faire supporter un impôt qui eût été trop lourd aux débuts de son exploitation.

La loi française ne tient aucun compte de ces considérations, puisqu'elle exige le paiement d'annuités toutes égales entre elles.

La loi du 25 mai 1791 était plus défectueuse encore ; elle avait créé trois classes de brevets de cinq, dix et quinze ans, et avait fixé les redevances à 300 fr. pour les premiers, 800 fr. pour les seconds et 1500 fr. pour les derniers, exigeant que moitié de la taxe fût payée avant le dépôt de la demande, l'autre moitié dans le délai de six mois; à défaut de paiement, la déchéance était encourue. — C'était oublier que l'inventeur attend tout de sa découverte et que ce surcroît de dépenses, ajouté à celles qu'il a dû faire pour réaliser industriellement son invention, était capable, dans certains cas, de faire échouer sa tentative.

La loi de 1844 reconnaît encore les trois classes de brevets, et elle exige 500 fr. pour un brevet de

5 ans, 1000 fr. pour un brevet de 10 ans, et 1500 fr. pour un brevet de 15 ans. Cette taxe doit être payée par annuités de 100 fr., sous peine de déchéance si le breveté laisse écouler un terme sans l'acquitter ; et le versement intégral de la somme est exigé en cas de cession totale ou partielle du privilège, soit à titre gratuit, soit à titre onéreux.

En Angleterre, avant la loi récente de 1883, les droit du Gouvernement pour la demande et l'apposition du sceau comprenant la spécification finale s'élevaient à 625 fr. ; ils ont été réduits à 100 fr. ; un versement de 1250 fr. devait être opéré à la fin de la troisième année du brevet et un autre de 2500 fr. à l'expiration de la septième année; l'acte de 1883 n'a pas modéré ce droit qui en réalité est fort lourd ; mais il a décidé que le paiement se ferait par annuités, commençant à la fin de la quatrième année de la délivrance du titre. — A ce moment, le breveté a pu exploiter sa découverte, il doit être en mesure d'exécuter ses obligations, et il est permis de dire que, s'il n'a pas réalisé des bénéfices suffisants pour payer la taxe, il n'a aucun intérêt à conserver un monopole dont il ne sait pas se servir ; toutefois nous verrons qu'il peut obtenir un délai de paiement.

Basée sur les mêmes motifs et désireuse d'accorder au titulaire du brevet le temps nécessaire pour réaliser ses projets, la loi allemande de 1877 décide :

« Que chaque brevet donnera lieu au paiement d'une taxe de trente marcs au moment de la délivrance, et qu'il y aura lieu de percevoir au début de la seconde année et au début de toutes les années suivantes une taxe qui sera, la première fois de 50 marcs, et augmentera ensuite de 10 marcs à chaque échéance nouvelle (article 8) ; le breveté qui prouvera son indigence pouvant d'ailleurs obtenir des délais durant les trois premières années, et même la remise complète de la redevance si son brevet s'éteint durant la troisième année. »

L'intention du législateur est manifeste ; il veut permettre au breveté de tenter son expérience à peu de frais, mais peu à peu il élève la taxe de manière à forcer celui qui s'est fait conférer un privilège inutile à l'abandonner au domaine public, plutôt que de verser des sommes relativement considérables. Les commentateurs allemands, s'inspirant de ce désir, déclarent que le paiement anticipé des taxes est prohibé, parce qu'il importe que le breveté ayant à payer une taxe annuelle se demande tous les ans s'il doit continuer à jouir de son brevet.

La disposition relative aux inventeurs pauvres se justifie d'elle-même et n'a rien d'exorbitant, puisqu'il ne leur est fait remise de la taxe que s'ils négligent, durant la troisième année. de se prévaloir de leur monopole.

Une question non moins intéressante que celle de la quotité de la redevance est celle de savoir quelle doit être la sanction du non-paiement de la taxe.

Le breveté encourra-t-il une déchéance de plein droit, sans mise en demeure préalable, sans qu'aucun délai de grâce lui soit imparti? La loi française, dans son article 32, paragraphe 1, paraît formelle: « Sera déchu de tous ses droits le breveté qui n'aura pas acquitté son annuité avant le commencement de chacune des années de la durée de son brevet. »

On s'est demandé si cette déchéance était tellement irrévocable qu'on n'en pût être relevé, même en acquittant les annuités en retard avant qu'aucune demande contre le brevet eût été formée, ou en invoquant des excuses sérieuses? La solution de cette question est d'autant plus difficile que les auteurs ne sont pas d'accord sur la juridiction appelée à statuer. M. Renouard (n° 209) estime que l'autorité administrative, qui devrait refuser de délivrer le brevet si le demandeur ne justifiait pas de la consignation d'une somme de 100 fr., ne peut ni prononcer la déchéance ni provoquer directement et d'office une déchéance judiciaire. Suivant ce jurisconsulte, le défaut de paiement des annuités est une cause ordinaire de déchéance qui ne peut être invoquée que par action privée ou incidemment à une pareille action.

M. Blanc se prononce en sens contraire, disant

qu'il ne saurait y avoir aucune contestation sur l'existence du fait matériel du paiement, et qu'à la différence des autres causes de déchéance, celle que nous étudions n'a pas besoin d'être appréciée par les tribunaux. — On ne voit pas d'ailleurs, ajoutent les partisans de cette opinion, pourquoi l'Administration, qui peut rejeter la demande du brevet pour défaut de paiement de la première annuité, ne pourrait pas également prononcer la déchéance du brevet pour défaut de paiement des annuités postérieures.

Nous nous sommes efforcé de démontrer que la concession du brevet constituait une propriété d'un genre spécial, temporaire il est vrai mais soumise aux lois générales tant qu'elle existe ; nous ne saurions dès lors admettre la compétence administrative dans une hypothèse où il y a lieu d'examiner des droits civils. Il s'agit en effet de savoir si le breveté a rempli les obligations qui lui étaient imposées. — Les tribunaux seuls nous paraissent avoir reçu cette mission.

Mais, dès qu'ils ont constaté le non-paiement, doivent-ils fatalement prononcer la déchéance? — Nous ne le pensons pas.

« Malgré ce que les termes de l'article 32 ont de formel, dit M. Pouillet (1), il faut pourtant admettre

____

(1) N° 496, jugé dans ce sens, Cass. 16 mars .1864. Dall. 64, 1, 158.

que la force majeure relève le breveté de la déchéance qu'il aurait encourue pour n'avoir pas acquitté son annuité dans le délai voulu. Autrement,
on se mettrait en contradiction avec le principe même
de notre législation qui, dans nombre de cas, admet
l'excuse de force majeure. »

Néanmoins, l'opinion contraire a trouvé des partisans, et plusieurs décisions judiciaires l'ont consacrée (1).

L'article 9 de la loi allemande accorde au breveté
un délai de trois mois pour faire le paiement après
l'échéance.

Il est nécessaire de remarquer tout d'abord qu'à
la différence de la loi française, qui exige que le versement soit effectué avant le commencement de
chacune des années de la durée du brevet, c'est-à-
dire, suivant l'interprétation générale, au plus tard
le jour anniversaire du dépôt de la demande, la loi
allemande fixe l'échéance au début de chaque année, par conséquent au lendemain de l'anniversaire
du dépôt de la demande, de telle sorte que si un brevet est demandé le 1er avril, les taxes annuelles
échoient le 2 avril de chaque année. Pour le calcul
du délai de trois mois, on s'accorde à dire que le *dies
a quo* ne doit pas être compté ; dans notre exemple,

____

(1) Bédarride, nos 440 et 441. Cour de Paris, 6 déc. 1861. Dall 62,
2, 100.

le paiement pourra être fait utilement le 2 juillet.
Passé cette époque, la déchéance est encourue de
plein droit, sans avertissement et sans qu'il soit besoin qu'aucune décision officielle soit rendue. Nous
croyons que cette solution, que nous avons combat-
tue en Droit français, peut se justifier dans la législa-
lation que nous étudions, par cette considération que
les questions relatives à la déchéance et au retrait
des brevets sont jugées, non par les tribunaux ordinaires, mais par une juridiction ayant des attributions à la fois administratives et judiciaires, et que
le breveté n'est pas, à vrai dire, traité comme propriétaire de sa découverte.

L'Angleterre permet au contrôleur de l'Office des
brevets d'accorder au retardataire un délai de grâce
de trois mois en lui imposant une amende qui ne peut
dépasser 250 fr.

La Belgique donne aux inventeurs un délai de six
mois moyennant une faible indemnité de dix francs ;
en outre l'Administration doit avertir officiellement
le breveté.

La loi espagnole, au contraire (art. 46, par. 2),
édicte une disposition analogue à celle de la loi
française.

Il n'est pas nécessaire d'insister longuement sur
les avantages que présentent les lois qui permettent
à l'inventeur d'effectuer utilement le paiement des

taxes après leur échéance ; et il est à souhaiter que
toutes les législations consacrent cette faveur, dût-
elle entraîner une amende.

C'est du reste le vœu qui fut émis par le congrès
de Paris, de 1878, qui, sur la proposition de M. Ch.
Lyon-Caen, vota la proposition suivante : « La déchéance pour défaut de paiement de la taxe ne doit
pouvoir être prononcée qu'après un certain délai
depuis l'échéance. Même après l'expiration de ce
délai, le breveté peut être admis à justifier des causes légitimes qui l'ont empêché de payer (1). »

§ 2. — *Défaut d'exploitation.*

Le rapporteur de la loi de 1844, P. Dupin, disait :
« Si la société consent à se déshériter pour un temps
du droit d'exploiter librement une découverte utile,
c'est pour reporter les avantages de cette exploita-
tation à l'inventeur ; mais s'il les dédaigne ou les
délaisse, il est censé les abdiquer et il en est déchu. »

Tel est en effet le motif qui a fait édicter la déchéance pour défaut d'exploitation.

Dans une loi comme la nôtre, où le breveté est le
maître absolu de son invention, il importe d'assurer
à tous la possibilité d'user d'une découverte, et c'est

---

(1) Travaux du Congrès, page 281.

dans cette obligation qui incombe au titulaire du brevet de satisfaire les besoins du commerce et de l'industrie, que se trouve le contrepoids nécessaire aux prérogatives qui lui sont conférées.

, Toutefois, il est nécessaire de concilier les intérêts de la Société avec ceux de l'inventeur, et de laisser à ce dernier le temps de vaincre la routine ou d'acquérir des capitaux suffisants pour exécuter ses desseins. A chaque essai nouveau et à chaque tentative inattendue, il se trouve des hommes qui se voient avec terreur dans la nécessité de modifier les engins divers qu'ils mettent en œuvre dans leurs ateliers ou leurs fabriques; ils préfèrent suivre la routine plutôt que de transformer leurs appareils, et c'est seulement quand le succès a couronné les efforts des novateurs qu'ils consentent à faire usage de l'invention. Souvent aussi l'exploitation d'une découverte est retardée par l'indigence de son auteur, et on ne saurait lui faire un crime de sa misère.

La loi n'aurait donc pu sans injustice exiger la mise en œuvre immédiate de l'idée nouvelle. Deux ans sont accordés, à partir de *la délivrance* du brevet, à son titulaire pour se mettre en mesure d'exploiter. Ce délai passé, s'il n'a pas su vaincre le mauvais vouloir des uns, l'indifférence des autres et sa propre détresse, il se voit retirer son privilège. Il en est de même si, durant le temps pour lequel il a un monopole, il cesse d'exploiter pendant deux années consécutives.

L'exploitation imposée au breveté doit être nécessairement sérieuse et réelle, il ne suffit pas de sauver les apparences, il faut faire des efforts pour que l'objet de l'invention entre dans le commerce et dans l'industrie.

Est-ce à dire que le breveté soit tenu de prouver qu'il a réussi dans toutes ses tentatives? Nullement ; ce qu'on lui demande, c'est un essai loyal et sincère. Si malgré toute son activité il n'a pu triompher, il sera admis à invoquer, devant les tribunaux saisis de la demande en déchéance, les motifs qui ont entravé son exploitation et qui sont capables de justifier son inaction. Les événements politiques, la nature de la découverte, la résistance des industries auxquelles elle s'adresse seront autant de raisons qui pourront l'innocenter, et permettre aux tribunaux, juges souverains, de lui maintenir son privilège (1).

On a prétendu qu'il était difficile de constater pratiquement l'insuffisance d'exploitation (2). Cette

---

(1) Trib. civ. Seine, 23 juillet 1846. *Droit*, 1ᵒʳ août 1846.

(2) Au Congrès de Paris, en 1878, M. de Rosas, délégué de l'Autriche, disait : « Je ne crois pas qu'on puisse constater la non-exploitation ou l'insuffisance d'exploitation ; théoriquement. on y arriverait peut-être, mais pratiquement c'est impossible. » —Compte rendu pages 281 et suiv.

question de preuve est en effet fort délicate et peut paraître insoluble si on applique à la lettre la maxime : « actori incumbit probatio » ; mais il est de jurisprudence en notre matière que la personne qui introduit l'action en déchéance n'a pas à démontrer d'une façon absolue le défaut d'exploitation, et qu'il suffit qu'elle réunisse des présomptions assez graves pour rendre sa prétention vraisemblable et forcer par là même le breveté à détruire ces présomptions.

Nous nous rapprochons ainsi de la loi espagnole dont l'article 38 oblige le possesseur d'un brevet d'invention à prouver devant le directeur du Conservatoire des arts que, dans le délai de deux ans, comptés depuis la date du brevet, il a mis l'invention en pratique dans les pays espagnols, en établissant ainsi une nouvelle industrie dans le pays. L'article ajoute que ce délai pourra être allongé de six mois en vertu d'une loi spéciale.

L'Exposé des motifs de la loi allemande déclare que la législation française est défectueuse, parce qu'on ne peut constater d'une façon certaine le défaut d'exploitation ; pour remédier à cet inconvénient, le législateur n'a rien trouvé de mieux que d'exiger « l'exploitation de l'invention en Allemagne dans des proportions satisfaisantes, ou tout au moins des efforts sérieux pour assurer cette exploitation ».

N'est-ce pas en réalité la consécration du système

admis en France? S'il était vrai que nos tribunaux fussent forcés d'admettre, comme remplissant les conditions imposées, la mise en pratique d'une invention, alors même qu'elle ne serait qu'un simulacre ou une vaine apparence, nous comprendrions les critiques et les modifications présentées par nos voisins; mais telle n'est pas la situation qui nous est faite, nous l'avons démontré; alors, la prétendue rectification introduite par le législateur allemand ne porte que sur les termes de la loi et non sur le fond des choses.

L'Office des brevets éprouvera, pour apprécier l'insuffisance d'exploitation, les difficultés qu'éprouvent les juges français quand il s'agit de déterminer si l'exploitation à laquelle se livre le breveté est sérieuse; et son embarras sera d'autant plus grand que, l'introduction des objets brevetés fabriqués à l'étranger étant licite, la question se posera de savoir si, indépendamment de toute fabrication, la vente de ces objets ne constitue pas à elle seule l'exploitation imposée.

On a l'habitude de dire que l'Angleterre, connaissant les nécessités de l'industrie et désireuse d'assurer la libre concurrence, n'impose pas au titulaire du brevet d'obligation semblable à celle que nous étudions; mais c'est oublier que cette nation, non moins soucieuse que les autres de la mise en œuvre d'une découverte, permet au Board of trade d'ordonner au breveté de donner des licences, s'il est prouvé, sur la plainte d'une personne intéressée, que le brevet n'est pas exploité dans le Royaume-Uni ou que l'invention ne peut satisfaire les exigences légitimes du public.

Il est à remarquer toutefois qu'en Angleterre comme en Amérique le défaut d'exploitation n'est pas une cause *de déchéance* du brevet, et c'est à ce point de vue qu'il est vrai de dire que l'obligation d'exploiter n'existe pas.

Devons-nous voir dans cette disposition un progrès par rapport aux vieilles législations? Nous croyons qu'il est impossible de trancher la question sans faire une distinction.

Dans les pays qui ont organisé le régime des licences obligatoires, il est inutile, pour mettre l'invention à la portée de ceux qui veulent en user, de dépouiller entièrement l'inventeur des droits qu'il possède, puisque ses concurrents peuvent obtenir l'autorisation d'exploiter eux-mêmes la découverte afin de la livrer au public ; mais chez les nations, au contraire, qui n'autorisent pas cette expropriation pour cause d'utilité privée, il est juste de placer le breveté dans la nécessité de satisfaire aux demandes qui lui sont adressées par les consommateurs.

« Si l'inventeur, disait M. Pouillet au congrès de

« 1878, laissait le champ par lui découvert àbsolu-
« ment stérile, on devrait le déclarer déchu de son
« brevet. »

§ 3. — *Introduction d'objets fabriqués à l'étranger*.

Le droit exclusif d'exploiter sa découverte assure
au breveté la juste rémunération que méritent ses
travaux ; l'obligation qui lui est imposée de faire des
efforts sérieux et persévérants pour mettre le commerce et l'industrie à même de profiter de son invention est pour les consommateurs un sûr garant
que le monopole qui lui est conféré ne nuira en rien
à l'intérêt général. Le législateur a voulu aller plus
loin, et il a cru devoir prendre des mesures destinées
à protéger le travail national contre la concurrence
étrangère ; à cet effet, l'article 32, parag. 3, de la loi
de 1844 décide que :

« Le breveté qui aura introduit en France des
« objets fabriqués en pays étrangers et semblables à
« ceux qui sont garantis par son brevet sera déchu
« de tous ses droits. »

On a pensé que le breveté, qui était libre de fixer
à sa guise le prix qu'il lui convenait de vendre les
objets par lui fabriqués, devait faire profiter ses
compatriotes de cette fabrication, en les conviant à
y prendre part ; on n'a pas voulu que, protégé pour
la vente, il pût réduire son travail, dans l'État qui

lui octroie des privilèges, à un trafic ne profitant qu'à lui seul. Il peut, il est vrai, aller chercher la matière première dont il a besoin, là où il la trouve à meilleur marché, mais il doit lui faire subir la préparation définitive sur le territoire où il la débitera.

« Ce que la loi veut, d'après M. Pouillet, c'est qu'en échange du monopole qui lui est conféré, le breveté fasse profiter le travail national de la main-d'œuvre résultant de l'exploitation de son industrie. » S'il en était autrement, dit l'Exposé des motifs de la loi de 1844, le brevet délivré à l'inventeur ne serait qu'une prime délivrée à l'industrie étrangère.

Le rapporteur disait de même : « La protection de la loi française ne peut être continuée au breveté quand, au lieu d'en faire profiter le travail national, il en reporte les profits aux travailleurs étrangers. »

La loi de 1844 apportait déjà un tempérament à cette prohibition ; depuis 1856, on admet que le ministred u commerce peut autoriser l'introduction : 1° des modèles de machines ; 2° des objets fabriqués à l'étranger destinés à des expositions publiques ou à des essais faits avec l'assentiment du Gouvernement (loi du 20 mai 1856).

On a discuté et on discute encore sur la portée de cette disposition ; les uns prétendant que, pour ne pas encourir la déchéance, il faut avoir obtenu une autorisation ministérielle pour introduire en France des objets venant de l'étranger, même à titre de modèles; les autres soutenant, au contraire, que si l'autorisation met à l'abri de tout reproche, elle n'est pas indispensable, et que le breveté ne contrevient pas à la loi s'il peut prouver qu'il a voulu seulement faire vendre des échantillons et des types d'objets semblables à ceux qu'il a fait breveter. Mais tout le monde est d'accord pour reconnaître que la prohibition est formelle et que la déchéance est encourue quand l'introduction a un but mercantile et qu'elle fait pénétrer sur le sol français des objets destinés au commerce ou à l'industrie.

L'Italie, l'Espagne, l'Angleterre, l'Allemagne, les États-Unis d'Amérique et beaucoup d'autres États ne connaissent pas cette restriction et laissent au titulaire du brevet le soin de déterminer au gré de ses intérêts les conditions qui lui paraissent les plus avantageuses pour exploiter sa découverte.

La convention internationale conclue à Paris le 20 mars 1883 renferme un article ainsi conçu :

Convention internationale du 20 mars 1883. — Article 5. — L'introduction par le breveté, dans le pays où le brevet a été délivré, d'objets fabriqués dans l'un ou l'autre des États de l'Union, n'entraînera pas déchéance. »

« Toutefois, le breveté restera soumis à l'obligation
d'exploiter son brevet conformément aux lois du
pays où il introduit les objets brevetés. »

Il est à peine besoin de faire remarquer que les
titulaires de brevets français qui veulent introduire
en France des objets fabriqués à l'étranger doivent
établir, en cas de contestation, que le lieu d'origine
est l'un des États concordataires.

Mais qu'elle est exactement la portée de l'article 5?
A-t-il abrogé la disposition prohibitive que nous
venons d'étudier dans la loi française de 1844? Les
travaux préparatoires de la convention tendraient à
le faire croire; la plupart des membres du congrès
de 1878 étaient en effet partisans de la suppression
de la déchéance prononcée par l'article 30, par. 3.
MM. Albert Cahen et L. Lyon-Caen s'exprimaient
ainsi dans un mémoire :

« La loi belge de 1854 et la loi nouvelle de l'empire d'Allemagne n'ont pas accueilli la déchéance
prononcée par l'article 32 de la loi de 1844 contre
le breveté qui aura introduit dans le pays de son brevet des objets fabriqués en pays étrangers et semblables à ceux garantis par ledit brevet.

« Cette cause de déchéance doit également
disparaître de la loi française; elle n'est plus en
harmonie avec l'extension des relations industrielles
avec les différents peuples, avec les échanges de

plus en plus nombreux, ni avec l'abandon du système protecteur en matière de douane.

« Aujourd'hui, cette disposition ne produit qu'un résultat et il est fâcheux. Un étranger, inventeur dans son pays, n'hésiterait pas à prendre un brevet en France s'il lui était permis d'y introduire de suite les produits fabriqués avec les moyens qui sont à sa disposition chez lui. Il tenterait l'essai, et s'il voyait que son invention s'acclimate chez nous et y assure des bénéfices suffisants, il créerait bientôt une usine qui lui éviterait les frais de transport, les droits de douane, etc. »

M. Droz, de son côté, répondant à M. Pataille, déclare que c'est émettre une idée bien surannée et presque gothique que de parler de la protection due à un pays; qu'en matière de brevet il faut d'abord protéger le breveté et ensuite le consommateur. M. Murdoch (de Londres) estime que, dans la majorité des cas, il faut, pour la fabrication des articles brevetés, un appareil spécial et la surintendance personnelle de l'inventeur, et comme il y a peu d'inventeurs anglais qui puissent quitter leurs affaires, il en résulte que bien des brevets sont perdus par leurs propriétaires anglais.

Dans ces conditions, le congrès adopta le projet suivant: « L'introduction dans le pays où le brevet a été délivré, de la part du breveté, d'objets fabriqués à l'étranger, ne doit pas être interdite par la loi. » C'était l'abrogation pure et simpledu parag. 3 de l'article 32.

C'est pour éviter ce résultat que le projet fut amendé en 1880 ; à cette époque, M. Wœrtz, délégué de l'Autriche, fit remarquer que la convention projetée ne pouvait pas et ne devait pas modifier l'économie des législations spéciales, qu'elle devait laisser à chaque État le droit de légiférer sur son territoire, et il proposa la rédaction suivante :

« Le propriétaire d'un brevet d'invention aura la faculté d'introduire, dans le pays où le brevet lui aura été délivré, des objets fabriqués dans l'un ou l'autre des pays contractants, sans que cette introduction puisse être une cause de déchéance du brevet, « *pourvu qu'il exerce ladite invention, conformément* « *aux lois du pays où il introduit les objets brevetés.* » Cet amendement ne fut adopté que pour donner satisfaction « aux susceptibilités individuelles des nations représentées », bien que tous les délégués ou à peu près tous fussent partisans de permettre au breveté d'introduire des objets fabriqués dans l'un des États concordataires, sans lui imposer aucune restriction.

Nous croyons que le souvenir de ces débats, qui se sont produits à une époque très rapprochée de nous, empêche beaucoup de ceux qui étudient la convention de l'interpréter exactement.

La disposition contenue dans l'article 5 a en effet été vivement critiquée, et il est à remarquer que ceux qui attaquent cet article, paraissent en général n'attacher aucune importance à son second paragraphe.

Il est facile, d'après les documents qui précédent, de prouver que les membres du congrès de 1880 ont voulu faire disparaître de nos lois la déchéance résultant de l'introduction d'objets fabriqués à l'étranger ; mais il est non moins facile de voir qu'ils n'ont pas atteint le résultat qu'ils se proposaient, car l'amendement proposé par M. Wœrtz, et adopté dans un but de conciliation, détruit presque entièrement le principe posé dans le paragraphe 1ᵉʳ de l'article. Cet amendement soumet en effet le breveté à l'obligation d'exploiter son brevet conformément aux lois du pays où il introduit les objets brevetés.

En France, par exemple, où les tribunaux décident que l'exploitation doit être réelle et sérieuse, il est incontestable que l'industriel breveté, qui se contenterait de vendre des objets fabriqués dans l'un des pays concordataires, n'exploiterait pas suffisamment ; il en serait de même s'il ne pouvait se prévaloir que d'un acte isolé de fabrication. (Paris, 23 mars 1870. Wilcoc ; Sirey, 70, 248.)

Les juges du fait seront appelés à apprécier souverainement les circonstances dans lesquelles l'exploitation aura eu lieu, et ils devront s'inspirer, dans leur examen, des principes qu'ils ont toujours appliqués sous l'empire de la loi de 1844.

En 1886, à la conférence réunie à Rome pour étudier les modifications proposées à la convention de 1883, la France proposa d'ajouter au 2me alinéa de l'article 5 les mots *en y fabriquant les objets auxquels il s'applique*.

La forme impérative de ce texte aurait forcé les États comme l'Angleterre, dont la législation ne contient pas l'obligation de fabriquer dans le pays, à exiger l'exploitation du brevet sous la forme d'une production industrielle.

La Belgique avait fait une proposition en sens contraire : « Le titulaire d'un brevet, qui exploite son invention dans l'un des États de l'Union, ne pourra être déclaré déchu de ses droits dans les autres pour défaut d'exploitation. »

Il était difficile de concilier des prétentions aussi opposées; néanmoins, M. Pelletier, délégué de la Tunisie, fit adopter un article additionnel ainsi conçu:

« Chaque pays aura à déterminer le sens dans lequel il y a lieu d'interpréter chez lui le terme « exploiter (1). »

____

(1) Voir compte rendu des séances de la conférence de Rome. *Archives diplomatiques*, 1886, p. 27 et suiv.

M. le président de la conférence s'exprima ainsi dans la discussion :

« Quelques orateurs ont exprimé la crainte que si la proposition de M. le délégué de la Tunisie était adoptée, les législateurs et les magistrats de chaque pays pourraient avoir une liberté trop absolue d'interpréter le mot « exploiter ». Le proposant lui-même vient d'exposer que cette liberté n'est pas sans limites, et ces limites sont clairement définies par le paragr. 1 de l'article 5 ; car il est évident que si les lois et la jurisprudence d'un pays imposaient l'obligation de fabriquer dans le pays *tout ce qui* peut y être consommé, elles détruiraient par là le parag. 1er de l'article 5 que tout le monde est d'accord à maintenir. »

Nous avions donc raison de dire que les tribunaux seraient en droit d'exiger une exploitation sérieuse, et de prononcer la déchéance toutes les fois que le breveté se contenterait de vendre des objets sans en fabriquer. Il leur sera difficile sans doute de déterminer les proportions que doit atteindre la fabrication comparée à la vente, mais l'avenir seul nous permettra de juger exactement et sainement l'article 5.

Il va produire néanmoins un résultat immédiat. Aux termes de la loi française, la déchéance n'est encourue que si le brevet n'a pas été mis en exploitation deux ans après sa délivrance. Il paraît certain qu'un étranger, titulaire d'un brevet en France, pourra introduire, durant les deux premières années de son privilège, autant d'objets fabriqués qu'il le voudra sans avoir à « exploiter » en France d'une façon sérieuse.

Mais il suffit, pour obvier à cet inconvénient, de modifier le délai fixé pour la mise en exploitation, et il importe de ne pas attribuer à la convention un effet qui ne se produit que par suite de l'application de la loi nationale.

Il reste à signaler une observation fort judicieuse de M. Huard (1). « Les objets fabriqués à l'étranger sont ou peuvent être soumis à des droits de douane à l'importation. N'y a-t-il pas là une protection suffisante pour notre industrie ?

« Le breveté n'a-t-il pas, par suite, un intérêt à fabriquer en France pour éviter le droit d'entrée, sans qu'on le frappe encore d'une déchéance exceptionnelle et contraire à la liberté industrielle comme à celle des échanges ?

« Pour en être réduit à solliciter le cumul de toutes ces dispositions protectrices si rigoureuses, il faudrait que notre industre nationale fût bien malade

---

(1) Voir *Bulletin de l'association des inventeurs et artistes industriels*. Étude sur la convention du 20 mars 1883, par MM. Cohen et L. Lyon, Caen.

et dans une situation bien inférieure à celle de toutes
les autres nations dont les législations, comme il a
été dit, n'ont pas admis l'interdiction d'importer, à
peine de déchéance du brevet, des objets fabriqués à
l'étranger. »

SECTION III

**Nullités et déchéances spéciales aux brevets pris dans
plusieurs États à la fois.**

Toute personne qui prétend avoir fait une découverte peut, quelle que soit sa nationalité, demander
un brevet dans le pays où il lui plait de se faire protéger ; pour l'obtenir, il suffit qu'elle remplisse les
formalités et satisfasse aux conditions imposées par
la loi dont elle veut se prévaloir.

Nous avons dit que, par la convention du 20 mars
1883, un délai de six de mois (augmenté d'un mois
pour les pays d'outre-mer) était accordé à celui qui
avait fait régulièrement le dépot d'une demande de
brevet d'invention dans l'un des États contractants,
pour effectuer le même dépôt dans les autres États;
mais cette disposition, qui a pour but de fixer une
date spéciale à laquelle les tribunaux doivent se
reporter pour apprécier la nouveauté de l'invention,
n'empêche pas l'application stricte et rigoureuse de

la loi, quand on se place au moment où le premier dépôt a été fait.

Il semblerait juste, puisque chaque Gouvernement applique à tous les solliciteurs, qu'ils aient obtenu ou non un privilège dans d'autres pays, des règles identiques, que les brevets pris dans des États différents fussent indépendants les uns des autres.

Quand un Anglais se présente en France, après avoir demandé une patente en Angleterre et s'être soumis à l'examen préalable, si, au lieu de ne tenir compte des formalités qu'il a déjà remplies dans son pays, que pour lui reconnaître un droit de priorité, on enregistrait sa patente anglaise, on comprendrait facilement que, pour quelque cause que cette dernière disparût, le brevet français disparût aussi ; mais rien de pareil ne se produit, et on ne délivre en France que des brevets français, soumis, pour leur validité, aux conditions édictées par la loi de 1844.

Comment dès lors expliquer l'article 29 ? « L'auteur d'une invention ou découverte déjà brevetée à l'étranger pourra obtenir un brevet en France. *Mais la durée de ce brevet ne pourra excéder celle des brevets antérieurement pris à l'Étranger.* »

On lit dans le rapport « qu'il ne faut pas que la protection accordée par la France devienne pour elle une cause d'infériorité, et que dans son sein on enchaîne par le monopole ce qui, partout ailleurs, serait libre de cette entrave ».

Cet argument est bien spécieux ; si on l'adoptait, ne devrait-on pas dire que, pour être protégée dans un État, une invention devrait être universellement protégée ? On veut faire à toutes les nations une situation identique, et on s'élève contre l'idée d'un privilège existant dans un pays à un moment où il est éteint dans un autre ; mais la conséquence logique de ce système n'est-elle pas de prononcer la déchéance d'une patente qui établirait un monopole dans un État, alors que l'exploitation serait libre sur un point quelconque du globe ?

Les auteurs de la loi du grand duché de Luxembourg n'ont pas craint de consacrer dans une certaine mesure ces conséquences bizarres ; le 4me parag. de l'article 15 est ainsi conçu :

« Le brevet s'éteint si un brevet pour le même
« objet n'est pas demandé, dans le délai de trois
« mois, dans les États auxquels le grand duché
« serait lié par un traité d'union douanière, ou si,
« étant demandé dans ce délai, le brevet était
« refusé, ou si, ayant été accordé, il est retiré,
« annulé ou s'éteint de tout autre manière.

« Néanmoins, au cas où la déchéance du brevet
« serait prononcée dans un pays de cette union pour
« cause de non-exploitation du brevet, il sera loisi-

« ble au Gouvernement de maintenir le brevet dans
« le grand duché. »

Les législateurs luxembourgeois ont essayé de justifier cette disposition bizarre, en disant que leur
nation était de trop minime importance pour qu'elle
pût admettre un monopole qui ne s'exercerait pas
dans les pays de l'Union douanière.

Aux États-Unis, la durée de la patente est de
17 ans, mais cette durée est limitée par celle du brevet antérieur étranger dont la durée initiale est la
plus courte.

L'inventeur qui, par exemple, avant de faire la
demande de sa patente aux État-Unis, aurait obtenu
un brevet de 15 ans en France et un brevet de *6 ans
en Italie*, n'obtiendrait sa patente aux États-Unis que
pour 6 ans, quoique cependant on puisse obtenir une
prolongation de 6 à 15 ans en Italie, en payant les
taxes et droits fixés par la loi.

Il faudrait que la prolongation italienne fût un
fait acquis avant le *dépôt* de la demande de patente
aux États-Unis (ou au moins avant la *délivrance* de
la patente, ce qui est contesté), pour qu'on pût
acquérir un droit valable pendant 15 ans.

La durée normale des brevets dans les principaux
États est la suivante :

Danemark.	3 à 20 ans	Italie.	1 à 15 ans
Espagne.	20 ans	Mexique.	6, 8 ou 12 ans
États-Unis d'Amérique.		Paraguay.	5 à 10 ans
	17 ans	Portugal.	5, 10 ou 15 ans
Finlande.	3 à 12 ans	Russie.	3, 5 ou 10 ans
France.	5, 10 ou 15 ans	Suède.	15 ans
Grande-Bretagne.	14 ans	Turquie.	5, 10 ou 15 ans
Guatemala.	10 ans	Venezuéla.	5, 10 ou 15 ans
Indes orientales.	14 ans		

Il en résulte qu'un inventeur qui serait protégé à la fois en France par un brevet de 15 ans et en Turquie par un brevet de 5 ans (dans le cas où le brevet français aurait été pris postérieurement au brevet pris en Turquie) n'aurait en réalité qu'un brevet français valable pendant 5 ans.

La loi allemande du 26 mai 1877 est plus logique. « L'Exposé des motifs, dit M. Ch. Lyon-Caen (1), « constate une différence entre la loi allemande et un « grand nombre d'autres lois.

« Dans la plupart des législations (2), il est admis « que, lorsqu'un brevet n'est pris qu'après que l'in- « vention a été déjà brevetée à l'étranger, la durée « du brevet national dépend de la durée du brevet « pris à l'étranger, si celle-ci est plus brève.

(1) Loi sur les brevets d'invention dans l'empire d'Allemagne, traduite et annotée par M. Ch. Lyon-Caen, note 1, sous l'article 9.

(2) États-Unis, France, Indes orientales, Italie, Paraguay, Russie, Turquie, Venezuéla, etc. Certains États, tels que le Danemark, l'Espagne, le Guatemala, etc., fixent une durée spéciale pour les brevets dits *d'importation*.

« Ce principe n'était pas connu par toutes les lois
« allemandes ; il ne l'était pas notamment par la
« loi prussiennne. La loi nouvelle ne l'a point adopté.
« Selon l'Exposé des motifs (p. 24), ce principe a
« l'inconvénient de faire dépendre d'une façon irra-
« tionnelle les effets de la loi nationale des lois
« étrangères. En outre, les dispositions de ce genre
« peuvent être facilement tournées ; il suffit pour
« cela que le demandeur en brevet ait le soin de de-
« mander d'abord un brevet dans les pays où la loi
« leur assigne la durée la plus longue. »

En Angleterre, la nouvelle loi a supprimé la disposition de la législation antérieure qui déclarait
que le brevet anglais prenait fin à l'expiration, pour
une cause quelconque, d'un brevet pris à l'étranger,
pour la même invention, à une date antérieure.

L'article 29 de la loi française mesure la durée
normale du brevet pris en France sur la durée normale du brevet étranger ; mais doit-on dire, avec la
Cour de cassation (1), que l'existence du privilège en
France soit absolument liée à l'existence du privilège obtenu à l'étranger ?

Dalloz le prétend : « Le brevet pris en France cesserait d'exister, si celui qui a d'abord été pris à

---

(1) Cour de cassation, 14 janvier 1664 ; — Pataille, 64, 81.

l'étranger pour le même objet venait à y être frappé de nullité ou de déchéance (1). »

M. Nouguier (numéro 380) partage la même opinion, que combattent énergiquement MM. Blanc (*Propriété industrielle*, numéro 3) et Pouillet (numéro 343).

M. Bozérian (2) signale deux conséquences de ce système :

« La première, c'est que, lorsqu'il existera deux brevets pris l'un en France, l'autre à l'étranger, et que le brevet français aura seul fait l'objet d'une cession, il dépendra du cédant, en n'exécutant pas les conditions prescrites pour le maintien du brevet étranger, de dépouiller, en France, son cessionnaire du bénéfice de la cession.

« La seconde, c'est que le tribunal saisi d'une demande en déchéance du brevet français comme conséquence du brevet étranger sera obligé de se rendre juge de la validité de ce dernier brevet, et par suite de se livrer à l'interprétation de la loi étrangère dont les dispositions peuvent lui être inconnues, et que, dans tous les cas, il ne saurait appliquer en parfaite connaissance de cause. »

Nous pensons qu'il suffit d'indiquer de pareilles

____

(1) *Répert.*, v° *Brevet d'invention*, numéro 241.
(2) *Journal de Droit internat. privé*, 1877, p. 217.

anomalies pour prouver la nécessité d'une réforme.

Il est faux, selon nous, de dire que la protection accordée par un État ne doive pas être plus longue que celle accordée par un autre, sous peine de ne protéger que les inventions universellement brevetées ; et on ne doit pas admettre que les tribunaux d'un pays annulent un titre pour des vices que la loi nationale n'a pas prévus. Il est à souhaiter que l'exemple donné par l'Allemagne et par l'Angleterre soit bientôt suivi, et que la proposition faite en 1886 à la conférence de Rome (1) ait bientôt force de loi dans tous les États ; elle était ainsi conçue :

« Lorsque, dans les délais fixés par l'article 4 de la
« convention, une personne aura déposé dans plu-
« sieurs États de l'Union des demandes de brevets
« pour la même invention, les droits résultant des
« brevets ainsi demandés seront indépendants les
« uns des autres. »

______

(1) *Journal de Droit international privé*, 1886, p. 257.

CONCLUSION

Il serait téméraire de vouloir tirer de cette étude
une conclusion nette et rigoureuse, en réunissant en
une suite de·propositions les dispositions qui paraissent devoir être adoptées dans toutes les législ-
lations.

Quand on peut indiquer un principe incontesté et
le mettre en évidence, il est facile d'en tirer des
conséquences logiques, et les discussions qui s'élèvent ne portent que sur des points de détail; mais
quand le principe qu'il importe d'énoncer n'est
p a admis par tout le monde, au lieu de discuter seulement les questions accessoires, on est
obligé de lutter pied à pied.

Il suffit pour s'en convaincre d'étudier les lois dont
nous avons présenté une rapide analyse : les unes,
comme les lois française, belge, espagnole, italienne, s'inspirant de cette idée que l'inventeur a sur
sa découverte un droit aussi respectable et aussi
légitime que celui que revendique le propriétaire
d'une chose mobilière ou immobilière, accordent à
l'inventeur la faculté de se prévaloir de son invention envers et contre tous, elles lui imposent seule-

ment l'obligation de donner à son bien une sorte
d'état civil, lui octroyant ensuite le privilège de tirer
de ses travaux tout le profit et toute la gloire qu'i
peut en obtenir ; les autres, comme les lois anglaise,
américaine et allemande, dédaignant de rechercher le fondement du droit, ou niant que ce droit
soit primordial et conforme à la loi naturelle, ne
s'inspirent que des nécessités du moment et s'effor-
cent de concilier les intérêts variables de l'industrie
et du commerce avec les prérogatives qu'elles accordent à l'auteur d'une découverte. Les premières
veulent être conformes à la justice, les dernières
se contentent d'être en harmonie avec l'intérêt.

Des jurisconsultes éminents, des hommes d'État
et des législateurs habiles se trouvent dans chacun
des deux camps, s'efforçant de résoudre les questions délicates et difficiles que fait naître le conflit
des lois en présence.

En comparant ces lois, on s'aperçoit vite qu'il
est impossible de les concilier actuellement, et on
comprend que l'union projetée entre les États ne
puisse produire que des effets très restreints.

Est-ce une raison pour combattre cette union ?
Évidemment non.

Elle est difficile à réaliser ; mais il importe de la
rendre possible et de la préparer afin qu'elle donne
des résultats sérieux et durables.

La convention internationale, signée à Paris le 20 mars 1883, doit être considérée seulement comme un essai; si les dispositions qu'elle renferme sont peu nombreuses, et si les conséquences qu'elle doit produire sont de médiocre importance, il faut se garder néanmoins de la vouloir dénoncer ; on a fait un premier pas dans la voie qu'il est indispensable de parcourir ; et, s'il est bon de réfléchir mûrement avant de marcher en avant, on serait impardonnable de revenir en arrière.

POSITIONS

DROIT ROMAIN

I. — Le captif, fait prisonnier dans une guerre qui n'avait pas été déclarée, dans le cas où la **déclaration** était obligatoire, n'était pas esclave.

II. — En principe, le butin fait pendant la guerre n'appartenait pas à celui qui l'avait pris.

III. — Le *deditus* était privé du bénéfice du *postliminium*.

IV. — Toute convention de paix qui émanait de l'initiative d'un général, et qui avait été conclue sans l'autorisation du Sénat ou des Comices et sans l'assistance des Fétiaux, était nulle.

I. — Le droit de servitude ne pouvait résulter d'une stipulation.

II. — La libéralité faite à l'un des futurs conjoints

par un tiers, sous la condition que le mariage ne serait pas dissous par le divorce, était valable.

III. — Le pupille qui contractait sans l'autorisation de son tuteur s'obligeait naturellement.

IV. — Une stipulation pénale, ayant pour but de sanctionner l'inexécution d'une obligation antérieure, opérait novation, si telle avait été la volonté des parties, que l'obligation primitive dérivât d'un contrat de droit strict ou d'un contrat de bonne foi.

DROIT INDUSTRIEL

POSITIONS PRISES DANS LA THÈSE

I. — Le non-paiement de la taxe n'impose pas aux tribunaux l'obligation de prononcer la déchéance du brevet.

II. — Un recours est ouvert devant le Conseil d'État contre l'arrêté ministériel statuant sur une demande de brevet.

III. — L'inventeur qui a obtenu un brevet en France ne satisfait pas à l'obligation d'exploiter qui lui est imposée par l'article 5 de la convention internationale du 20 mars 1883, s'il vend des objets en France sans en fabriquer.

IV. — Le transit d'objets contrefaits fabriqués à l'étranger est licite en France.

DROIT CIVIL

I. — Un artiste ne peut, même en dehors de toute intention diffamatoire, reproduire sans autorisation, dans un tableau ou un dessin, les traits d'un tiers.

II. — Quand un partage d'ascendants a été fait, il faut, pour apprécier s'il y a lésion, évaluer les biens à la mort de l'ascendant donateur.

III. — Un mari ne peut, en vertu de l'autorité maritale, ouvrir les lettres missives adressées à sa femme.

IV. — On ne peut invoquer l'article 1743 du Code civil pour opposer le bail de chasse à l'acquéreur de la propriété louée.

V. — Lorsqu'un préposé est blessé par l'animal confié à ses soins, il peut se prévaloir contre son maître de la présomption légale de faute établie par l'article 1385 du Code civil à la charge du propriétaire de l'animal.

DROIT COMMERCIAL

I. — La propriété de la provision appartient au porteur de la lettre de change.

II. — L'autorisation de justice ne suffit pas pour permettre à la femme d'être marchande publique.

DROIT INTERNATIONAL

I. — Un État peut et doit livrer ses nationaux.

II. — Un individu, livré pour être poursuivi du chef d'un crime ou d'un délit déterminé, ne peut pas être puni pour un autre crime ou délit sans l'assentiment de la puissance que l'a livré.

Vu par le Doyen,
E. Colmet de Santerre.

Vu par le Président,
L. Renault

Vu et permis d'imprimer :
Le Vice Recteur de l'Académie de Paris,
Gréard.

TABLE DES MATIÈRES

DROIT ROMAIN

LE DROIT DE LA GUERRE A ROME

DROIT FRANÇAIS

DES BREVETS D'INVENTION EN FRANCE ET DANS DIVERS ÉTATS ÉTRANGERS

CHAPITRE I. — NATURE DU DROIT DE L'INVENTEUR.   19

CHAPITRE II. — INVENTIONS BREVETABLES.

CHAPITRE III. — DÉLIVRANCE DES BREVETS.

CHAPITRE IV. — EFFETS DU BREVET.

CHAPITRE IV. — NULLITÉS ET DÉCHÉANCES.

Imp. Blais, Roy et Cie

www.ingramcontent.com/pod-product-compliance
Ingram Content Group UK Ltd.
Pitfield, Milton Keynes, MK11 3LW, UK
UKHW020727120726
13693UKWH00001B/203